Anke Voigt
Lakritz und Zigarette

AF282669

Die Autorin

Anke Voigt wird 1959 als erstes von fünf Kindern im Ostseebad Kühlungsborn geboren. Den größten Teil ihrer Kindheit sowie die Ausbildung zum Wirtschaftskaufmann verbringt sie im thüringischen Altenburg, bis sie an der Weimarer Musikhochschule „Franz Liszt" ein Gesangsstudium beginnt. Es folgt das Engagement beim Rundfunkchor Berlin, dem sie bis 2020 angehört. 1995 zieht sie mit Mann und drei Kindern ins Brandenburgische Fredersdorf, wo bald darauf das vierte Kind geboren wird. Seit vielen Jahren erteilt sie Instrumental- und Gesangsunterricht, was sie auch jetzt als Rentnerin noch lange fortzuführen gedenkt. In ihrer Freizeit widmet sie sich dem Schreiben. Sie ist Mitglied zweier Schreibwerkstätten in Erkner und Rahnsdorf und des Freien Deutschen Autorenverbandes.

Das Buch

Anke Voigt mag die Menschen in ihrer ganzen bunten Verschiedenheit, sei es der im Wohnwagen umherziehende Aussteiger, der traurige Syrer oder die einsame Hundehalterin, die schöne Alkoholikerin oder die schrullige Klavierlehrerin. Sie genießt den Händedruck nach Corona, hat kindliches Mitleid mit einem Mörder, erschrickt über eigene Vorurteile und genießt die Erinnerung ans Haarewaschen.

In siebenundzwanzig kurzen Geschichten und einem Gedicht verarbeitet die Autorin ihre Begegnungen und Erlebnisse. Einiges ist genauso passiert, anderes mit Fantasie vermischt und manchmal überwiegt das Fantasierte. Doch keine der Geschichten wäre ohne das Beobachtete entstanden.

Anke Voigt

Lakritz und Zigarette

Herstellung und Verlag: BoD – Books on Demand, Norderstedt
ISBN: 9783758373954

Umschlaggestaltung: Anke Voigt
Autoren-Foto: Christiane Meusel

Erinnerungen sind voller Launen.
Bilder von Erlebtem, selbst kleinste Details,
können uns so berühren,
dass es uns die Kehle zuschnürt.

Paulo Coelho

Menschen, an denen nichts auszusetzen ist,
haben nur einen, allerdings entscheidenden Fehler:
sie sind uninteressant.

Zsa Zsa Gabor

Lakritz und Zigarette

Ich war an den Müggelsee geradelt, dort ein bisschen herumgelaufen und saß nun mit einem Pappbecher-Kaffee auf einer der breiten Bänke, auf denen man sogar zu Corona-Zeiten Gesellschaft bekam, sofern man auf einem äußersten Ende saß. Ich schaute auf die sich leicht kräuselnde Wasseroberfläche und genoss die letzten Herbstsonnenstrahlen. Mein Fahrrad lehnte am Papierkorb, der erstaunlicherweise einmal nicht überquoll. Spaziergänger kamen auf meine Bank zu, liefen vorbei und entfernten sich wieder. Keiner von ihnen wollte mir ein Gespräch anbieten. Vielleicht war es ihnen schon zu kühl. Sie hinterließen lediglich ihre Geruchsfetzen. Manche schwebten sofort weiter, andere blieben eine Weile in der Luft hängen, ehe sie sich übers Wasser verzogen oder in den Park verwehten.

Ein Duft ließ mich plötzlich aufmerken, oder besser gesagt: aufriechen. Aufhorchen – aufblicken – aufriechen? Gibt es das Wort? Ein Mann hatte den Duft hinterlassen. Ein älterer Herr, gut gekleidet, elegant, aufrecht. Ein Raucher.

Es gibt Raucher, die schlecht riechen und welche, die fast gar nicht riechen. Und es gibt, ziemlich selten, Raucher, die gut riechen. Es kommt auf die Mischung an. Und eben diese spezielle Mischung hatte mich aufriechen lassen. Woher kannte ich sie? Sie schien mir so vertraut, doch im Moment konnte ich sie partout nicht einordnen.

Ich schloss die Augen, wollte mich erinnern. Es ließ mir keine Ruhe. Dieser Duft musste jemandem gehört haben, den ich sehr gemocht hatte, denn mit einem Male erfassten mich Sehnsucht, Traurigkeit, Geborgenheit, alles auf einmal. Was geschah da mit mir? Wer hatte diesen Geruch mit sich herumgetragen? Es muss vor sehr langer Zeit gewesen sein …

Plötzlich fiel es mir ein. Es war diese Mischung aus Zigarette und Lakritz, die mir gerade begegnet war. Und da sah ich ihn. Mein Opa, seit über fünfzig Jahren tot, saß mir gegenüber im grauen Ohrensessel, hielt eine Zigarette in der Hand und zog genüsslich an ihr. Die Asche an der Spitze war fast drei Zentimeter lang und neigte sich beachtlich nach unten.

„Pass auf, Öpi, dein Anzug!", rief ich. Er lächelte mich an, nickte mir dankend zu und balancierte die Zigarette zum Aschenbecher, um sie abzustreifen. Nichts war danebengegangen. Er schaffte es immer.

„Möchtest du auch?", fragte er, nachdem er den Rest der Zigarette ausgedrückt hatte, und hielt mir das Lakritz-Döschen entgegen. Opa roch so gut. Gern wäre ich auf seinen Schoß geklettert, aber das war mir verboten.

„Ja", strahlte ich, ergriff mit spitzen Fingern eine der runden schwarzen Scheiben und steckte sie in den Mund. Ich liebte Lakritz, besonders diese herben, harten, die an den Zähnen kleben blieben, wenn man versuchte, sie zu zerbeißen. Sie mussten gelutscht werden. Auf Opas Schreibtisch lagen immer welche und ich durfte jederzeit von ihnen nehmen, sollte nur Bescheid sagen, wenn die Dose leer war.

„Ich gehe in den Garten. Kommst du mit?", fragte Opa mich. Er knöpfte das Jackett zu und setzte die Baskenmütze auf, ohne die er niemals, weder Sommers noch Winters, das Haus verließ. Auch ein Jackett trug er immer. Es spielte keine Rolle, ob er einen der hellgrauen, mit zart kariertem Dunkelgrau besetzten Anzüge oder eine Kombination aus Sakko und Hose anhatte. Selten nur sah ich ihn in Hemdsärmeln und niemals mehr seiner Hautflächen als die an den Händen, im Gesicht und am Hals, allesamt faltig und mit bräunlichen Flecken verziert. Sogar bei seinen seltenen Strandbesuchen, wenn ich gar zu sehr gebettelt hatte, dass er doch mitkommen solle, saß er voll bekleidet im Sand. Die Sommer waren damals aber auch noch nicht so heiß.

„Du kannst ein bisschen schaukeln", meinte Opa und griff nach der Harke. Ich wusste, dass er mich im Garten schnell vergaß. Von der Schaukel aus beobachtete ich, wie er sich seinen Blumenbeeten widmete, die welken Blätter von den Blüten knipste, Unkraut herauszupfte. Er begutachtete den Reifestand der Beeren, Äpfel oder Tomaten, ging darin voll auf und war nur – aber dann sofort – zur Stelle, wenn ich mich beim Spielen verletzte oder barfuß auf eine Biene trat. Wenn mein Opa Wunden versorgte, tat er das so liebevoll, dass man fast glücklich war, sich diese zugezogen zu haben.

Zu seinen ständigen Aufgaben gehörte es, allabendlich den Bürgersteig vorm Grundstück zu reinigen. Zuerst fegte er die Steinplatten ab. Dann kämmte er mit der Harke den sandigen Boden rechts und links der Platten. Dabei entstand ein wunderschönes Streifenmuster, welches ich um nichts auf der Welt mit meinen Fußtritten zerstört hätte.

Mein Opa war ein empfindsamer Mann, der keinen Lärm und kein Kindergewusel vertrug. Deshalb wurde ich oft von ihm ferngehalten. Ich weiß nicht, ob das in seinem Sinne war, oder ob es die anderen Erwachsenen mit ihrer Fürsorge ihm gegenüber übertrieben, denn wenn ich es trotz strengen Verbotes schaffte, mich unterm Flügel zu verstecken, um seinem wunderbaren Klavierspiel zu lauschen, schickte er mich niemals fort. Bis heute bin ich mir ziemlich sicher, dass er mich immer bemerkt hat.

Mein Opa war schwul. Ich erfuhr es erst kürzlich durch eine Tante. Ob es meine Oma wusste? Wenn ja, muss sie in ständiger Angst gelebt haben, dass es herauskommt. Sie war so unglaublich auf ihren guten Ruf bedacht. Aber es waren ja auch andere Zeiten. Vier Kinder haben die beiden miteinander gezeugt. In den Sommerferien, direkt nach einem kurzen Familienurlaub, reiste Opa nach München, wo er seinen Freund traf, mit dem er nicht nur gemeinsam musizierte und der eigentlich sein Liebster war. Die vielen Künstler, ob Maler, Dichter oder Musiker, die Opa besuchten, wurden von Oma freundlich behandelt und gut bewirtet. Es war vor meiner Zeit. Ich habe all diese Männer nie persönlich kennengelernt. Aber mein Opa hat mir von ihnen erzählt, besonders von dem Sänger, der mit seiner Stimme Glas zum Zerspringen brachte und auch von dem Geigenlehrer aus München, für den er komponierte.

Es macht mich sehr traurig, wenn ich daran denke, was für ein falsches Leben dieser sanfte Mann führen musste. Aber ohne dieses falsche Leben wären meine Mutter, die Tante und die Onkels und auch ich nie auf die Welt gekommen. Vielleicht war er ja trotzdem zufrieden …

Es war frisch geworden, mich fröstelte. Ich warf einen letzten Blick auf den Müggelsee und radelte nach Hause, noch immer ein wenig von dem Geruch nach Lakritz und Zigarette in der Nase.

Petzi

Am Heiligabend meines fünften Weihnachtsfestes saß ein riesiger Teddy neben dem Weihnachtsbaum. Mit warmen goldbraunen Augen, in denen sich die vielen flackernden Kerzen unseres Tannenbaumes spiegelten, sah er mich an. Zögernd näherte ich mich ihm und hoffte von ganzem Herzen, dass er für mich und nicht für eine meiner jüngeren Schwestern bestimmt war, denn ich hatte ihn auf der Stelle ins Herz geschlossen.

„Na, nun geh doch schon hin zu ihm. Er ist für dich", sagte Mama, die mich und mein zauderndes Verhalten beobachtet hatte.

Ich fiel fast vornüber, als ich ihn auf den Arm nahm. Sein Kopf war doppelt so groß wie meiner, seine Schnauze größer als meine Faust. Im Stehen reichte er mir bis zur Brust.

Ich nannte ihn Petzi, nach dem Braunbären, der im viel zu engen Gehege unseres heimatlichen Inselzoos Tag für Tag seine Runden trabte, tanzte oder Männchen machte, der mir unendlich leidtat und nach jedem Besuch nächtelang nicht mehr aus dem Kopf ging. Mein Petzi sollte niemals eingesperrt werden, niemals auf Befehl tanzen müssen.

Fortan begleitete der Teddy mein Leben. Er schlief mit mir in einem Bett und nahm dabei viel Platz ein. Ich sang ihm Lieder vor und redete mit ihm. Ich kümmerte mich gut um ihn. Er sollte meine Liebe spüren, denn ich zweifelte keinen Moment daran, dass er eines Tages zum Leben erwachen würde. Dann sollte er mich genauso gern haben wie ich ihn. Damit er nicht fror, zog ich ihm einen Pullover und die Trainingshose der kleinen Schwester an. Auch Schuhe bekam er. Es waren blauweiße Bettschuhe, von denen es bei uns in allen Größen reichlich gab, denn Oma Tiktak strickte jedes Jahr neue für mich und meine Geschwister. Oma Tiktak hieß so, weil sie unsere Uhr-Oma war, denn in ihrem Zimmer hing eine große Uhr mit einem goldenen Pendel an der Wand. Die schlug mit einem wunderschönen Klang die halben und die vollen Stunden und wurde nur nachts abgestellt.

Ich vertraute Petzi alle meine Sorgen an. Geduldig und kommentarlos hörte er zu und schaute mich liebevoll an. Wenn mir nach Weinen zumute war, kuschelte er sich an mich. Er tröstete ganz ohne Worte. Nur wenn ich ihn ein wenig vornüberbeugte, brummte er freundlich. Manchmal hielt ich mein Ohr ganz dicht an seine breite Schnauze, um zu hören, ob er schon atmete. Nie war auch nur das leiseste Schnaufen zu hören. Aber ich hatte Geduld.

Gemeinsam mit mir wurde Petzi älter. Eines Tages verlor er ein Auge. Es war aus Glas wie das rechte meines Opas, der im ersten Weltkrieg von Granatsplittern getroffen worden war. Petzis Auge hatte allerdings im Gegensatz zu dem vom Opa auf der Rückseite eine Öse und konnte einfach wieder angenäht werden. Das Opa-Auge konnte nie wieder am Opa festgemacht werden. Es musste jeden Abend und auch während der Mittagsruhe herausgenommen werden, weil es beim Schlafen drückte. Dann schwamm es in einem Glas mit Wasser und wir schlichen heimlich ins Zimmer, um es zu betrachten. Opa bekam davon nichts mit, denn auch sein rechtes Ohr hatten die Splitter verletzt und ertauben lassen. Wenn er auf dem gesunden Ohr lag, hörte er nichts. Er behauptete, dass dies ein großer Vorteil sei, weil er so die unliebsamen Geräusche ausblenden könne. Ein weiterer Vorteil war, dass er als Kriegsverletzter nicht in den zweiten Weltkrieg einrücken musste. Opa half mir beim Annähen. Er kannte sich aus mit Nadel und Faden, weil er in seiner Freizeit Kissenbezüge und Papierkörbe bestickte.

11

Auch als sich Petzis Lippen vom vielen Küssen ablösten und in Fransen von der Schnauze herabhingen, war es Opa, der kurzerhand diese Fransen abschnitt und dem Teddy mit schwarzem Garn einen neuen Mund stickte, der dem alten aufs Haar glich und bis heute hält.

Petzis Fell wurde im Laufe der Jahre dünner. An einigen Stellen begann Holzwolle herauszurieseln. Aber das war später. Da lebte Opa schon nicht mehr. Ich war nicht so geschickt in Handarbeiten. Beim Versuch, die Wunden zu stopfen, nähte ich aus Versehen die Arme am Körper fest, so dass Petzis Gelenke sich nicht mehr drehen ließen und versteiften.

Auch seine Stimme hat nachgelassen. Sie wurde heiserer und reagiert manchmal überhaupt nicht mehr, egal wie weit ich ihn vornüberbeuge.

Bei aller guter Fürsorge ist Petzi nie zum Leben erwacht, aber irgendwie hat er für mich doch immer gelebt.

Heute sitzt er auf einem der sechs Stühle an meinem Tisch. Nur wenn Besuch kommt, muss er diesen Platz räumen. Er wird in einem Jahr sechzig, ein beachtliches Alter für einen Bären. Seit vielen Jahren trägt er ein Jäckchen und eine kurze Hose meines Sohnes, der inzwischen längst erwachsen ist. Ich habe beschlossen, Petzi nicht mehr umzuziehen, um sein dünnes Fell zu schonen und die herausrieselnde Holzwolle festzuhalten. Manchmal kommt es noch vor, dass ich mit ihm rede, aber das erzählen Sie bitte niemanden weiter.

Verlorene Schwestern

Hast du schon einmal einen Mörder getroffen? Einen richtig echten? Einen, der wirklich jemanden umgebracht hat? Mir ist einer begegnet. Vor vielen Jahren. Und ich muss sagen: Mörder sehen nicht unbedingt wie Mörder aus. Im Gegenteil: Sie können sogar äußerst sympathisch wirken. Oder Mitleid erregen. Zumindest bei einem Kind, wie ich es damals war. Bis heute kann ich mich an seinen warmen weichen Händedruck erinnern, ihn förmlich spüren. „Riesen-Patschhändchen", hatte ich gedacht und dabei die runden Hände des kleinen Bruders wie durch eine starke Lupe vergrößert vor mir gesehen. Nein, wie ein Verbrecher wirkte er nicht, dieser Mann mit den traurigen Augen und der vorsichtigen Stimme. Bis heute fühle ich, wenn ich an ihn denke, mehr Bedauern als Entsetzen über seine Tat. Das ist falsch. Ich weiß das. Es gibt keinen einzigen Grund, einen anderen Menschen zu töten…

Es geschah an einem Sonntagnachmittag. Ich war zwölf Jahre alt und hatte wenige Tage zuvor meine erste Brille bekommen. Wir waren auf dem Weg zum Insel-Zoo, die ganze Familie, beide Eltern und alle fünf Kinder. Mutter schob den Sportwagen mit dem kleinen Bruder. Die beiden jüngsten Schwestern hielten sich rechts und links am Wagen fest und Vater trabte träumend nebenher. Elke hatte sich zu mir gesellt und plapperte unentwegt auf mich ein. Voll konzentriert auf meine Füße, die die Ritzen zwischen den Gehwegplatten nicht berühren durften, und erstaunt darüber, wie deutlich diese mit Brille zu sehen waren, hörte ich nur halb hin.

  Plötzlich spürte ich einen starken Schmerz an der Stirn. Ich war gegen einen Laternenpfahl gekracht. Das passierte mir häufig. Manchmal waren es Verkehrsschilder, manchmal Straßenbäume oder Betonmaste. Die Begegnungen mit letzteren waren besonders schmerzhaft.

„Pass doch auf!", schimpfte Mutter genervt und Elke redete einfach weiter. Sternenumschwirrt kämpfte ich gegen die Tränen und gewann den Kampf.

„Alles gut?", fragte Vater, von dem Knall aus seinen Tagträumen aufgeschreckt.

Ich nickte vorsichtig.

„Das wird bestimmt eine fette Beule", stellte er fest, pustete mir über die Stirn und sagte: „Bis du heiratest, ist alles wieder gut."

Ich war froh, dass die Brille beim Aufprall nicht zerbrochen war, denn dann hätte ich sicher Ärger bekommen.

„Wo ist Dicki?", rief Mutter plötzlich panisch aus.

Dicki war der Spitzname unserer jüngsten Schwester. Sie hatte ihn schon vor Jahren von Vater bekommen, weil sie ein bisschen kräftiger war als wir anderen Kinder. Wir nannten sie so, bis sie Schulkind wurde. Erst dann bekam sie ihren echten Namen zurück, denn sie sollte nicht von den Mitschülern gehänselt werden. Ich glaube, die Kleine erfuhr erst mit sechs Jahren, wie sie wirklich heißt.

„Die ist wohl wieder mal vorgerannt", sagte Vater ungerührt. Wo nahm er nur immer diese Ruhe her? „Lauf doch schnell mal zur Ampel!", befahl er mir. „Nicht, dass die noch ganz allein über die Straße marschiert."

Ich gehorchte und fand Dicki tatsächlich an der Ampel. Brav auf Grün wartend stand sie dort, Hand in Hand mit einem fremden Mann.

„Entschuldigung, das ist meine kleine Schwester", sagte ich mutig zu dem Fremden.

14

„Ja, ja, ich will ihr doch gar nichts antun", antwortete der Mann freundlich, gab mir die Hand und hielt mit seiner anderen die der Kleinen weiterhin fest umschlungen. „Ich habe auch eine Tochter in dem Alter", fuhr er fort. „Na ja, eigentlich ist sie inzwischen viel älter. Sie ist jetzt vierzehn … Vierzehn Jahre! Ich kann mir das einfach nicht vorstellen. Wie sie wohl aussieht? Als ich sie das letzte Mal sah, war sie so alt wie deine kleine Schwester. Ist sie sechs? Sie sieht aus wie sechs …" Er beachtete mein scheues Kopfnicken nicht und redete weiter. „Ich habe sie seit acht Jahren nicht mehr gesehen. Meine Frau auch nicht. Die wollen nichts von mir wissen. Meine Familie möchte nichts mehr mit mir zu tun haben."

„Warum?", fragte ich schüchtern. Ich sprach nicht gern mit fremden Menschen, aber dieser Mann sah so traurig aus. Er machte mich irgendwie neugierig.

„Weil ich … Ich habe im Gefängnis gesessen – acht Jahre lang … Hab mich mit einem Mann geprügelt. Er ist gestorben. Ich hatte zu viel getrunken. Wir hatten beide zu viel getrunken … Heute bin ich entlassen worden."

Auf dieses unglaubliche Geständnis konnte ich nichts erwidern. Ich stand da, schaute den Mann fassungslos und – ja, ich gebe es zu – auch ein wenig fasziniert an und spürte, wie mein Körper zu zittern begann.

„Was machen Sie mit meinem Kind?!" Der Rest der Familie war an der Ampel angekommen. „Lassen Sie sofort meine Tochter los!", zeterte Mutter und riss Dicki von der Hand des Mannes, der augenblicklich verstummte.

Dicki begann zu weinen, die Ampel schaltete auf Grün und wir überquerten die Straße. Als ich mich umdrehte, stand der traurige Mörder noch immer an der Bordsteinkante und schaute uns hinterher.

„Der war im Gefängnis, weil er einen Mann ermordet hat", erzählte ich meinen Eltern, und meine Stimme klang vor Aufregung ganz seltsam.

Vater strich mir über den Kopf. „Ach, mein Mädelchen, du glaubst aber auch wirklich alles, was man dir so auftischt. Du denkst doch nicht ernsthaft, dass der unsere Dicki entführen wollte?", spottete er.

Inzwischen waren wir am Teich angekommen, auf dem sich der Insel-Zoo befand. „Das *war* ein echter Mörder. Er hat es mir selbst erzählt. Ich glaube, der wollte Dicki als Ersatz für seine verlorene Tochter mitnehmen", versuchte ich es bei Elke. Doch die interessierte sich nur für die Ratten, die aus dem Ufergras hervorsprangen. Enttäuscht gab ich auf.

Über eine Brücke gelangten wir zu den Tieren. Als wir an dem engen Käfig von Petz, dem ehemaligen Zirkusbären, ankamen, fragte ich mich, ob der Mörder wohl auch in solch einer kleinen Zelle gesessen hatte.

Am nächsten Tag hatte ich Orchesterprobe in der Musikschule. Katharina, meine beste Freundin, die gemeinsam mit mir die erste Geige spielte, saß neben mir. „Ich muss dir dann unbedingt was erzählen", raunte ich ihr zu und konnte kaum das Ende der Probe erwarten. Ich war sicher, dass Katharina mir zuhören würde, dass mir endlich jemand die Geschichte mit dem Mörder glauben würde.

Nachdem die Musikschultür hinter uns ins Schloss gefallen war, begann ich sofort aufgeregt zu berichten:

„Ich hätte gestern fast meine kleine Schwester verloren. Ein richtiger, echter Mörder wollte sie entführen …"

„Und ich habe am Freitag meine große Schwester *wirklich* verloren", unterbrach mich Katharina. „Sie sitzt im Gefängnis, weil sie in den Westen abhauen wollte. Man hat sie an der

16

Grenze erwischt", sagte sie traurig. Dann erzählte sie mir weinend die Geschichte. Ihre Geschichte.

Ich weiß, ich hätte sie trösten müssen, sie in den Arm nehmen und etwas Hilfreiches sagen sollen. Gute Freundinnen machen das so. Doch ich war so frustriert darüber, wieder nicht gehört zu werden, dass ich einfach nichts sagen konnte. Ich ließ Katharina reden und schwieg dazu.

Danach versuchte ich nie wieder, jemandem von dem traurigen Mörder zu erzählen, der meine Schwester entführen wollte und so erstaunlich weiche Hände hatte. Manchmal, in den ersten Wochen nach jener Begegnung, schaute ich die kleine Dicki an und dachte: Ohne mich wärst du heute nicht mehr bei uns. Dann war ich froh, sie gerettet zu haben, obwohl sie mich oft nervte. Doch nach und nach verblasste die Erinnerung. Ich schloss das Erlebnis in mir ein. Die Gedanken an den Mann wurden immer seltener, die Konturen seines Gesichtes verblassten, bis ich sie ganz vergaß. Nur der Händedruck blieb mir bis heute in Erinnerung.

Frollein Ostermann

Ich hätte eine begnadete Pianistin werden können. Das sagt man doch so, oder? Ich war jedenfalls ausgesprochen musikalisch, was sich bereits in sehr jungen Jahren zeigte. Auch meine Fingerfertigkeit entwickelte sich ungewöhnlich rasch. Ich übte gern. Und doch bin ich keine Pianistin geworden, weder eine begnadete noch sonst eine. Ich wurde Architektin und rührte das Klavier viele Jahre nicht mehr an, nachdem … Ach, das ist eine lange Geschichte. Damit ihr die versteht, muss ich euch von Frollein Ostermann erzählen.

Sie wohnte im Mietshaus eine Etage unter uns. Wenn ich sie im Treppenhaus traf, sollte ich sagen: „Einen schönen guten Morgen, Fräulein Ostermann", oder „Guten Tag …" beziehungsweise „Guten Abend …", je nachdem, zu welcher Tageszeit ich ihr begegnete. Das mit dem Namen hintendran sei besonders höflich, meinte Vater.

„Warum heißt sie denn Frollein. Sie ist doch schon ganz alt", fragte ich ihn. Ich sagte Frollein, mit einem O als dritten Buchstaben und zwei Ls danach. Lange Zeit schrieb ich das Wort auch so, obwohl ich sonst keine Schwierigkeiten mit der deutschen Rechtschreibung hatte.

„Sie ist nicht verheiratet und wer keinen Mann hat, ist ein Fräulein", antwortete Vater. „Sie ist halt eine alte Jungfer", fügte er grinsend hinzu. „Was ist eine alte Jungfer?", wollte ich weiterfragen, aber ich ließ es lieber bleiben. Vaters Grinsen hatte mir nicht gefallen.

Als wir in das Mietshaus einzogen, war Frollein Ostermann bereits weit über siebzig. Ihr Hinterkopf war mit einem riesigen Haarklumpen versehen. „Man nennt es Dutt", erklärte mir Mutter.

18

„Wie kann eine alte Frau noch so viele Haare haben?", fragte ich zurück.

„Ach, das ist gar nicht alles Haar", mischte sich Vater ein, zeigte mir unseren Topfschrubber und erklärte: „Über ungefähr so ein Ding sind die Haare gewickelt."

Wenn ich nun Fräulein Ostermann auf der Treppe traf, versuchte ich den Topfschrubber unter ihrem Haar zu entdecken, was mir jedoch nie gelang.

Sie gab Klavierunterricht. Ihre Schüler kamen zu ihr in die Wohnung. Manchmal hatte sie mit den anderen Mietern des Hauses Ärger deswegen. „Die sollen die arme Frau in Ruhe lassen, so schlecht zu Fuß, wie die ist. Warum soll die denn extra einen Raum in der Stadt mieten, wenn sie es zu Hause so bequem hat", sagte Mutter zu Vater, „und gut klingt es doch auch, jedenfalls meistens."

Meine Eltern liebten Musik, besonders die klassische. Wenn sie das Spiel von unten doch einmal störte – es gab ja auch die unbegabteren Schüler –, legten sie einfach eine Schallplatte auf und übertönten damit das Geklimper.

Die Klavierklänge drangen bis in mein Kinderzimmer. Manchmal öffnete ich das Fenster, um besser hören zu können. Das durfte ich eigentlich nicht, wegen der Gefahren, die davon ausgingen, aber ich konnte einfach nicht widerstehen. Ich hielt mein Ohr an den geöffneten Spalt und schloss die Augen. So schön wollte ich auch einmal spielen können.

Mutter erhörte mein Flehen und meldete mich bei Frollein Ostermann als Klavierschülerin an. Schon bald darauf begab ich mich jeden Mittwoch in die Wohnung unter uns, um das Erzeugen schöner Melodien zu erlernen. Pünktlich zwei Minuten vor um drei schloss ich unsere Wohnungstür hinter mir und trabte mit meinen Noten unterm Arm eine Etage hinunter.

Mutter kaufte für zwanzig Mark das Klavier eines russischen Offiziers.

Anfangs war ich enttäuscht, weil meine Musikstücke so wenig denen der anderen Schüler ähnelten.

„Wenn du immer schön fleißig übst, kannst du bald interessantere Werke spielen", beruhigte mich Frollein Ostermann. Ich fand das Wort „Werke" für Musik nicht geeignet. Es erinnerte mich an die Fabriken meines Heimatortes. Aber ich vertraute der Klavierlehrerin und war beruhigt. Und tatsächlich durfte ich bereits nach wenigen Wochen erste Lieder spielen, die ich durchs Lauschen am Fenster kannte.

„Na, das geht ja wirklich flott voran mit dir", lobten mich meine Eltern.

Eines Tages kam Frollein Ostermann auf die Idee, vierhändige Stücke mit mir spielen zu wollen. Sie betrachte mich inzwischen als fast ebenbürtige Musikerin, sagte sie. Sie sagte tatsächlich „fast" und ich erinnere mich noch deutlich daran, wie sehr ich mir damals wünschte, dass sie dieses „fast" weggelassen hätte. Sie habe so lange nicht mehr richtig musiziert, fuhr sie fort, immer nur unterrichtet. Und oft so unbegabte Kinder … Leider fiel der Beginn dieser gemeinsamen Art des Musizierens in jene Zeit, da meine Klavierlehrerin anfing, seltsam zu werden.

Es kam ganz langsam. Fast unmerklich veränderte sich der Unterricht. Manchmal schlief sie während meines Spiels ein. Oder sie sang mit, erschrak vor sich selbst und entschuldigte sich umständlich dafür. Dabei tätschelte sie mir den Rücken oder den Arm, was sie früher nie getan hatte. Auch mein Name wollte ihr mitunter nicht einfallen. Oder sie führte, während meine Finger artistisch über die Tasten tanzten, Gespräche mit sich selbst. Manchmal rollten ihr ohne ersichtlichen Grund

Tränen übers Gesicht. Irgendwann trug sie auch das riesige Haarteil nicht mehr und ich konnte sehen, wie dünn ihr Haar in Wirklichkeit war. Es sah komisch aus. Ich gewöhnte mich nur sehr langsam daran.

Das wäre ja alles nicht so schlimm gewesen. Ich war inzwischen dreizehn Jahre alt und konnte, an den Umgang mit Theaterleuten gewöhnt, recht gut mit schrulligen Menschen umgehen. Vater und Mutter arbeiteten beide am Theater. Ich glaube, das erwähnte ich noch nicht, oder? Was ich aber wirklich schlimm fand, war dieses vierhändige Spiel mit Frollein Ostermann. Sie geriet beim Musizieren in Ekstase, was mich an sich schon irritierte. Ich wollte sie so nicht sehen. Es war mir peinlich. Doch am allerschlimmsten war, wenn ihre Finger in meinen Tastenbereich griffen, immer wieder meine Hand berührten und dort viele Takte lang, manchmal bis zum Ende des Stückes, verweilten. Ich bekam Angst, dass sich ihre Finger in meinen verhakten und tat tapfer, als bemerke ich nichts. Ich spielte einfach weiter. Doch nachts träumte ich davon. Nachts wurden die Finger meiner Klavierlehrerin zu kalten, trockenen Schlangen, die meine Hände umwickelten, bis ich sie nicht mehr spüren konnte. Wenn ich in unserer Wohnung am Klavier des russischen Offiziers saß, stellte ich mir vor, wie zwischen den Tasten plötzlich Frollein Ostermanns dürre Finger hervorkommen, um nach mir zu greifen. Das lenkte mich vom Spiel ab und nahm mir die Freude daran.

Ich bat Mutter, mich vom Klavierunterricht abzumelden. Ich habe genug gelernt, redete ich mich heraus. Ich weiß nicht, warum ich den Eltern nichts von der seltsamen Veränderung meiner Lehrerin, von dem irritierenden vierhändigen Spiel und meinen schrecklichen Träumen erzählte, warum ich lieber ihr Schimpfen und ihre Enttäuschung ertrug.

21

Als wir in eine andere Wohnung umzogen, verkaufte Mutter das Klavier des russischen Offiziers. Sie bekam hundert Mark dafür und freute sich über den Gewinn.

Hätte ich damals mit meinen Eltern über Frollein Ostermanns verändertes Verhalten reden sollen? Vielleicht hätten sie mich beruhigen können. Vielleicht hätten mir ihre Erklärungen die Ängste nehmen können. Ich war doch eigentlich ein verständnisvolles Kind und ja auch wirklich nicht mehr so klein. Vielleicht hätte mich ein Lehrerwechsel doch noch zur Pianistin werden lassen. Wie sich dann wohl mein Leben gestaltet hätte, überlege ich heute manchmal. Auf alle Fälle hätte ich sehr viel üben müssen – und immer meine Hände schonen …

Inzwischen spiele ich wieder Klavier. Ich habe ein wunderschönes Instrument geschenkt bekommen, von einer Freundin, die selbst nicht mehr spielen mag. Ich versuche mich an die alten Stücke zu erinnern, die ich bei Frollein Ostermann gelernt habe. Manchmal, wenn ich so ganz vertieft in die Musik bin, sehe ich plötzlich die alte Dame neben mir sitzen – ohne Dutt und ein wenig verwirrt, aber voller Liebe zur Musik. Dann erfüllt mich eine unglaubliche Wärme.

Die letzten Bewohner des Fachwerkhauses

Als Kind war ich oft bei Tante Ulla. Eigentlich waren wir nicht miteinander verwandt. Ich sagte trotzdem Tante zu ihr, weil sie sich um mich gekümmert hatte, als ich noch sehr klein war und nicht allein zu Hause bleiben sollte, wenn meine Eltern abends arbeiteten.

Nach der Geburt meines jüngeren Bruders Peter wurde Mama Hausfrau. „Wir brauchen kein Kindermädchen mehr. Ich kümmere mich jetzt selbst um euch", erklärte sie mir. Doch da ich die Tante so liebgewonnen hatte, durfte ich sie jederzeit besuchen. Meist nahm ich auf Mamas Wunsch hin den kleinen Bruder mit. Mama brauchte ab und zu ein wenig Zeit für sich allein, um sich ihren vielen Büchern zu widmen. Auf diese Weise blieb Tante Ulla unser Kindermädchen, nur dass sie nun nicht mehr dafür bezahlt wurde.

Sie wohnte in dem alten Haus in der Glockengasse 12, einer der letzten kleinen Gassen unserer Stadt. Damals gab es kaum Baumaterial und Handwerker waren so gut wie überhaupt nicht zu bekommen. Dadurch passierte es häufig, dass eine kaputte Dachrinne dafür sorgte, dass ein Haus erst feucht, später schimmelig und schließlich unbewohnbar wurde. Nach und nach verfielen die schönen Häuser und mit dem Verfall wurden aus Gassen Plätze.

„Das ist noch ein solides Bauwerk, dieses Fachwerkhaus, in dem die Ulla wohnt. Das überlebt sogar den Sozialismus", sagte Papa und Mama zischte böse: „Pscht! Nicht vor den Kindern!"

Ich fragte Papa, warum das Haus Fachwerkhaus heißt und er erklärte es mir. Die Ursache für den Namen lag nicht – wie ich zuerst geglaubt hatte – darin, dass das Gebäude von echten Fachmännern gewerkelt worden war, sondern die mit Sauerkraut und Lehm gefüllten Fächer zwischen dem Balkenwerk waren der Grund für die Bezeichnung.

Auch das Haus in der Glockengasse 12 war vom Schimmel befallen. Die Wohnzimmerwände hatten schwarze Stellen und die Küche roch immer muffig. Tante Ulla hätte eine andere Wohnung bekommen können, auch weil sie von diesen schrecklichen Hustenanfällen geplagt wurde. Aber aus uns unerklärlichen Gründen wollte sie partout nicht weg von dem Ort, an dem sie angeblich einmal sehr glücklich gewesen war.

Außer ihr lebten nur noch die alte Frau Schmidtke und deren Schäferhund dort und die Beiden waren echt gruselig, weshalb es mir immer im Bauch kribbelte, wenn ich Tante Ulla besuchte. „Die treibt es mit ihrem Hund", hatte ich Papa zu Mama sagen gehört. Ich war alt genug, um zu wissen, was mit „treiben" gemeint war. Der Rest des Hauses stand leer.

Ich fürchtete mich vor Frau Schmidtke und wollte ihr nicht über den Weg laufen. Sobald ich das Treppenhaus betrat, spitzte ich beide Ohren wie ein Luchs. Doch meistens hatte ich Peter im Schlepptau, der unentwegt irgendetwas erzählte, Fragen stellte oder vor sich hinsang, so dass ich schlecht hören konnte, ob jemand kam.

„Vor der musst du keine Angst haben", versuchte Tante Ulla mich zu beruhigen. „Die ist nicht böse. Die ist nur verkalkt." Es half mir wenig.

Lustig fand ich, wenn Frau Schmidtke Wäsche gewaschen hatte. Die hängte sie dann auf der ausgefransten Leine im Vorgarten auf. Eigentlich war das verboten. Wäsche gehörte auf Dachböden oder in Innenhöfe. Aber wahrscheinlich war man mit Frau Schmidtke nachsichtig, weil sie wegen ihrer Verkalkung die Regeln nicht mehr so gut verstand. Besonders die

Unterwäsche der alten Frau faszinierte mich. So etwas hatte ich noch nie zuvor gesehen. Papa erklärte mir, dass die Oberteile mit den Knöpfen und Bändern Leibchen seien und die seltsamen Schlüpfer Liebestöter genannt würden. Unterröcke kannte ich ja durch meine Uroma.

Einmal waren Peter und ich fast bei Tante Ullas Wohnung im zweiten Stockwerk angelangt, als uns Frau Schmidtke entgegenkam. Ich erschrak fürchterlich. Ich hatte geglaubt, die Gefahr, ihr zu begegnen, sei vorüber. Sie wohnte doch im Erdgeschoss und das hatten wir bereits hinter uns gelassen. Wieso kam sie von oben? Eine weitere Sache war äußerst ungewöhnlich: Sie hatte ihren Hund nicht dabei.

Zwei Stufen über uns blieb sie stehen. Direkt vor mir. „Bist du es, mein Tier?", fragte sie mich mit weit aufgerissenen Augen und streichelte mir zärtlich über den Kopf.

Mein Herz schlug bis zum Hals. Ich konnte mich weder rühren noch etwas sagen. Dachte sie ernsthaft, ich sei ihr Hund? Wollte sie es jetzt etwa auch mit mir treiben? Ich hatte eine Wahnsinnsangst.

Peter, mein kleiner nerviger Bruder war es, der die Situation entspannte. „Claudia ist doch kein Hund", lachte er und zog mich weiter.

„Er ist weg. Wo bist du nur, mein Berry", sagte Frau Schmidtke. „Wo bist du nur? Wo bist du nur?", wiederholte sie unentwegt, während sie langsam die Stufen hinunterstieg.

Berry kam nicht wieder. Jemand entdeckte ihn schließlich ein paar Straßen weiter mitten auf dem Fußweg. Tot.

Auch Frau Schmidtke starb wenige Tage später. Tante Ulla wunderte sich, dass die untere Wohnungstür offenstand und ging hinein. Sie fand die Frau leblos, mit einer Platzwunde am Kopf. Ein umgekippter Küchenstuhl lag neben ihr.

Hund und Frauchen seien ermordet worden, wurde in der Nachbarschaft gemunkelt. Ob es der Wahrheit entsprach? Ich weiß es nicht. Wer sollte denn einen Grund gehabt haben, diese Frau umzubringen? Vielleicht war sie ja auf den Stuhl gestiegen, um etwas auf dem Schrank zu suchen, dabei umgekippt und auf den Hinterkopf gefallen. Oder sie war einfach über etwas gestolpert, gestürzt und ohnmächtig geworden. Ihre Unterwäsche hing noch viele Tage an der ausgefransten Leine im Vorgarten und verblasste allmählich.

Plötzlich wurde ich interessant für meine Mitschüler. Sie stellten Fragen, die ich nicht beantworten konnte und wollten mich am liebsten zu meiner Tante Ulla, die doch im Haus der Ermordeten wohnte, begleiten. Ich nahm nur meine Freundin Birgit mit. Ihr zeigte ich, wo die verkalkte Frau Schmidtke und ihr Schäferhund gelebt hatten.

Die Wohnungstür war unverschlossen und wir wagten uns hinein. Die Zimmer waren inzwischen leergeräumt worden. Nur vereinzelte Möbelstücke standen noch herum. Jedes Geräusch hallte von den Wänden wider, weil es keine Teppiche und Gardinen mehr gab. Es hörte sich gruselig an. Ich hatte Angst, dass Frau Schmidtke plötzlich vor uns stehen könnte und wollte gleich wieder gehen. Doch da rief Birgit aufgeregt:

„Guck mal, was ich gefunden habe." Sie hatte in einem Schubfach einen Haufen alter Fotos entdeckt. Sie waren braun und zeigten Menschen in alten Kostümen. „Die stammen aus längst vergangenen Zeiten", meinte Birgit.

„O Mann! Die sind bestimmt noch aus dem neunzehnten Jahrhundert", staunte ich. „Zeig mal her!"

Wir setzten uns nebeneinander auf die splittrigen Dielen. Stundenlang müssen wir vor diesen Fotos gesessen haben. Meine Angst hatte ich ganz vergessen. Wir stellten uns vor, dass das wunderschöne Mädchen mit dem ernsten Gesicht, das immer wieder auf den Bildern auftauchte, Frau Schmidtke in jungen Jahren war.

„Und das ist bestimmt ihr Geliebter", grinste Birgit und reichte mir die verblichene Aufnahme eines Soldaten. Aufrechtstehend blickte der junge Uniformierte in die Kamera. „Das hier könnten ihre Kinder sein. Hatte die Kinder?"

„Da kam nie jemand zu Besuch", sagte ich.

Wir fanden auch ein paar neuere Fotos. Sie zeigten vor allem Landschaften und irgendwelche Gebäude. Wir legten sie ins Schubfach zurück. Sie interessierten uns nicht.

Als es dämmerig wurde, verließen wir die Wohnung. Es gab keine Lampen mehr und sicher war der Strom sowieso abgestellt worden. Erst auf dem Heimweg fiel mir ein, dass wir ganz vergessen hatten, Tante Ulla zu besuchen. Ich weiß nicht, warum ich deswegen plötzlich so ein schlechtes Gewissen bekam. Doch umkehren wollten wir auch nicht. Heute nicht mehr. Wir hatten schon zu viel erlebt an diesem Nachmittag. Aber morgen wollte ich unbedingt meine liebe Tante, die eigentlich gar keine echte Tante und doch immer nett zu mir war, besuchen. Vielleicht hatte ja meine Freundin Lust mitzukommen.

„Ist schon traurig, wenn man am Ende seines Lebens niemanden mehr hat", sagte ich zu Birgit.

Sonntagsausflug in die Pilze

„Zieht euch etwas Hübsches an. Wir machen heute einen Ausflug", verkündet Vater beim Frühstück. „Wir wollen das schöne Herbstwetter ausnutzen." Er mag es, wenn alle Kinder das Gleiche tragen, denn dann sieht jeder, dass alle vier Mädchen zu ihm gehören. Das macht ihn stolz.

Mutter stöhnt, weil sich alle noch einmal umziehen sollen, doch schließlich sucht sie vier fast gleiche weiße Blusen, vier paar weiße Kniestrümpfe in verschiedenen Größen und die roten Strickröcke heraus und macht für jedes Kind einen Kleiderstapel. Obendrauf legt sie noch jeweils ein Leibchen. Das soll über die Unterhemden gezogen werden, damit die Mädchen in den dünnen Blusen nicht frieren. Die Sonne steht um diese Jahreszeit schon tief und wärmt nicht mehr so gut. Mutter hilft Jana beim Anziehen. Sie ist erst drei und bekommt schnell Wutanfälle, wenn etwas nicht gleich klappt.

„Wir wandern zum Waldsee", bestimmt Vater. Mutter möchte lieber zu Hause bleiben, um ein paar Dinge im Haushalt zu erledigen. Jedenfalls sagt sie das. Eigentlich sagt sie das immer, und die sogenannten Familienausflüge sind deshalb auch fast ausschließlich Vater-Töchter-Ausflüge.

Nach einer knappen Stunde sind sie am See angekommen. „Raus aus den Klamotten und rein ins Wasser", sagt Vater, „und schön im Flachen bleiben!"

Kurze Zeit später hüpfen vier nackte Mädchen vergnügt im See herum. Vater bleibt am Ufer stehen und passt auf. Er ist Nichtschwimmer und hat Angst vor Wasser. Nur Susanne weiß davon. Er hat es ihr in einer schwachen Minute gestanden. Sie solle aber mit niemandem darüber reden, schon gar nicht mit den Geschwistern. Susanne ist gut in der Lage, Geheimnisse zu bewahren. So wie sie auch gut im Trösten ist, besonders im Erwachsenentrösten. Sie hätte gern einen starken Vater, aber es gibt eben nicht nur starke Menschen.

„So, das reicht! Ihr habt schon ganz blaue Lippen." Liebevoll rubbelt Vater nacheinander seine Töchter trocken. Susanne ist die Letzte. Da ist das Handtuch schon ganz nass.

Nach einem ausführlichen Picknick mit Kakao, Knäckebrot und Äpfeln geht's zurück nach Hause. Vater möchte gern, dass die Mädchen singen. Die haben nichts dagegen. Sie kennen viele Lieder und singen gern. Die Leute, die ihnen begegnen, lächeln sie im Vorübergehen an.

„Ich habe einen Pilz gefunden. Ich glaube, der ist essbar", ruft Lisa plötzlich. „Darf ich ihn abpflücken?" Sie ist manchmal so naiv.

Es ist eine Marone, ziemlich klein, aber sie bringt Vater natürlich sofort auf die Idee, noch mehr davon zu suchen.

„Wo ein Pilz ist, ist ein zweiter Pilz nicht fern", sagt er. Er liebt Sprichwörter, und wenn ihm kein geeignetes einfällt, denkt er sich eben eins aus.

Der Gesang der Kinder verstummt. Ganz still sind sie, als sie mit weit aufgerissenen Augen und gesenkten Köpfen, die abwechselnd von rechts nach links schaukeln, den Waldespfad entlanglaufen.

Vater lacht. „Ihr könnt ruhig weitersingen. Pilze fürchten sich nicht vor Kinderstimmen", spöttelt er. Aber Susanne behauptet, dass man sich nicht gleichzeitig auf so viele verschiedene Dinge wie Text, Melodie und Suchen konzentrieren könne. Ihr jedenfalls gelänge das nicht.

Vater glaubt Trotz in ihrer Stimme zu erkennen. „Wo ein Wille ist, ist auch ein Weg", antwortet er leicht gereizt. Dann schlägt er vor: „Ich gehe mit Lisa mal ein bisschen tiefer in den

Wald hinein. Susanne, pass du auf die Kleinen auf! Die stolpern mir nur über die Wurzeln." Er zeigt auf einen Baumstumpf: „Hier kannst du dich solange hinsetzen."

Susanne weiß, dass es nun nicht mehr um Pilze geht und ist froh, dass Vater heute die Schwester ausgewählt hat.

„Wenn jemand kommt, dann rufst du laut nach mir", sagt er noch, bevor er mit Lisa im Dickicht verschwindet.

„Ja, ich weiß", antwortet Susanne genervt. Es ist nicht das erste Mal, dass Vater mit ihnen Pilze sucht.

„Du kannst ein bisschen malen", sagt sie und drückt Jana einen Stock in die Hand. Die Schwester hockt sich hin, um Bilder in den sandigen Waldboden zu zaubern. Monika hat bunte Vogelfedern gefunden und spielt damit. Schweigend gehen die Schwestern ihren Beschäftigungen nach. Es ist ganz still. Susanne lauscht in den Wald hinein. Sie hat Angst, dass ein Wildschwein auftaucht und hält Ausschau nach einem geeigneten Baum, den sie im Notfall hinaufklettern kann. Aber wie soll sie die Kleinen da hochbekommen? Um sich abzulenken, beginnt sie wieder zu singen.

Ungefähr beim zehnten Lied kommen Vater und Lisa zurück. Die Schwester hält zwei Schirmpilze und einen winzigen Täubling in der Hand. Ihre Zöpfe sind zerzaust und ihre Augen haben einen seltsam starren Blick.

„Da war wohl schon jemand vor uns", sagt Vater mit hochrotem Gesicht. „Lasst uns woanders suchen."

Wortlos traben sie durch den Wald. Susanne zieht Jana wie einen Handwagen hinter sich her. Lachend schlingert die Kleine an der Hand der Großen hin und her. Sie kann noch nicht so schnell laufen und findet das Gezerre lustig. Lisas Kniestrümpfe sind von Grasflecken übersät. Auch auf der Bluse entdeckt Susanne grüne Spuren. Das wird Ärger geben, denkt sie.

„Ich kann dir nachher die Zöpfe neu flechten", flüstert sie der Schwester zu.

„Wer zuerst an der alten Eiche ist … Auf die Plätze, fertig, los!", ruft Vater vergnügt. Sein Gesicht hat wieder einen normalen Farbton angenommen. Er läuft extra langsam, um seinen Kindern eine Gewinnchance zu geben. Susanne lässt die kleine Schwester los und rennt, was das Zeug hält. Trotzdem wird Lisa Erste und Vater wirbelt sie im Kreis herum. Susanne ist neidisch, weil Vater das bei ihr nicht mehr macht. Mit neun Jahren ist sie zu alt und zu schwer für solche Spielchen. Endlich erreichen auch die beiden Kleinen die alte Eiche.

„Guckt mal, Kinder!" Vater hat einen riesigen Baumpilz entdeckt. Er zückt sein Taschenmesser, das er bei Ausflügen immer bei sich trägt, um das hirnförmige Gewächs vom Baum zu schneiden. „Wenn Mutter den lange genug brät, haben wir mit den anderen Pilzen zusammen ein tolles Abendessen", sagt er begeistert.

Mein Bruder Marcus

Ich hätte ihn gern liebgehabt, meinen kleinen Bruder. Aber es gelang mir nie.

Er hatte nicht auf die Welt gewollt, hatte sich gewehrt, so gut es ging. Mehrmals drohte meiner Mutter eine Fehlgeburt. Sie nahm ja auch die vielen Psychopharmaka. Doch der Arzt war ein strenger Abtreibungsgegner. Er tat sein Bestes, um das ungeborene Leben zu retten. Und dann war er da, dieser ständig wimmernde Zwerg, der nach seiner Geburt erst einmal wiederbelebt werden musste, der langsamer als andere zu einem blassen Jungen mit stumpfen Augen heranwuchs und nicht sprechen lernte. Wenn ich ihm vorsang und dabei sein rotfleckiges Gesichtchen streichelte, sah er mich an mit dem Ernst eines Erwachsenen, der den größten Teil seines Lebens bereits hinter sich gelassen hat.

Er war zwanzig Jahre jünger als ich. Ein Nachzügler. Meine Mutter machte sich ihren Spaß daraus, ihn den Leuten als mein Kind zu präsentieren. Das war mir peinlich. Ich wollte keinen Sohn, der behindert war, der jeglichen Kontaktversuchen freundlicher Menschen auswich und undefinierbare Laute von sich gab. Doch wie konnte ich das erklären, ohne jemanden zu verletzen? So schaffte Mutter es immer wieder, ihn mir in der Öffentlichkeit auf den Schoß zu setzen.

Als ich ein eigenes Kind hatte, war Marcus bereits ein Teenager. Meine vierjährige Tochter sollte mit ihm im Kinderzimmer schlafen, in dem Gitterbett, in dem er selbst vor kurzem noch gelegen hatte, weil er sich schlecht an Neues gewöhnen konnte, und welches stark nach Urin roch. Ich wagte Mutter nicht zu widersprechen, lag die halbe Nacht wach und lauschte ins Nebenzimmer hinüber, um rechtzeitig einzugreifen, wenn mein Bruder zu seiner kleinen Nichte ins Bett kroch. Seine undefinierbaren Laute klangen inzwischen recht männlich.

Ich fuhr dann ein paar Mal ohne meine Tochter zu Besuch. Einmal schauten wir uns gemeinsam einen Film an. Wir hatten es uns auf dem großen Sofa gemütlich gemacht, Mutter und ich sitzend, Marcus liegend. Es war kühl geworden und Mutter bat mich, den Bruder mit der flauschigen Wolldecke zuzudecken. Marcus missdeutete diese Geste als Liebesbeweis und zog mich zu sich herunter. Sein Griff war fest und hart. Sein starrer Blick machte mir Angst. Seine Hände stanken, weil er kurz zuvor auf der Toilette gewesen war und sich grundsätzlich nie danach wusch. Minutenlang kämpfte ich mit ihm. Erst als ich neben ihm lag, ließ er ab von mir. Ich sprang auf, bevor er mich wieder zu fassen bekam. Mutter hatte die ganze Zeit gelacht. Jetzt lobte sie Marcus für seine Stärke und war gerührt von seiner Liebe zur großen Schwester. Wieder sagte ich nichts. Mutter hätte meine Angst nicht verstanden. Wie kann sich denn eine erwachsene Frau vor dem kleinen Bruder fürchten?

Ich besuchte meine Mutter erst wieder, als Marcus in einer Pflegeeinrichtung untergebracht worden war.

Bin ich eine schlechte Schwester?

Wolfram

Weil er Geige spielte wie ein Engel und ebenso schön war wie ein solcher, verliebte sie sich auf der Stelle in ihn.

Sie war dreizehn, er fast achtzehn. Viel zu alt für dich, hätten die Freundinnen gesagt, aber sie taten es nicht, denn Kirsten erzählte niemandem von ihrer Liebe. Erst ihre Kurzsichtigkeit verriet sie, aber das war Wochen später. Vorerst blieb sie allein mit ihren großen, schweren Gefühlen.

Wolfram war neu im Musikschul-Orchester, neu in der Stadt, ein Zugezogener. Er hatte dunkelbraune Augen und hellblondes lockiges Haar, dessen er sich nicht wie andere Jungs seines Alters schämte, obwohl es zu jener Zeit üblich war, gewellte Haare so kurz zu schneiden, bis sie männlich glatt waren. Ihr gefielen seine Locken.

In den Pausen zupfte er fremdartige Tonfolgen auf den tiefen Saiten seiner Geige. Es hieß, er könne auch E-Bass spielen. Kirsten, die ausschließlich mit klassischer Musik aufwuchs, war fasziniert von den ungewohnten Rhythmen. „Das ist Blues, eine Art Jazz", erklärte Katrin, die drei Jahre ältere Pultnachbarin und Kirsten, die beide Begriffe nicht kannte, kam sich sehr dumm vor. „So etwas höre ich mir eigentlich nicht an", antwortete sie daher sicherheitshalber betont uninteressiert.

Beim Musikschulkonzert übernahm Wolfram das Violinen-Solo. Mit Beginn des ersten Tons wurde Kirsten von starkem Herzklopfen befallen. Aufgeregt verfolgte sie sein virtuoses Spiel. Fasziniert bestaunte sie seine Schönheit. Sie, die stark kurzsichtig war, heute zum Konzert jedoch die hässliche Brille, dieses schreckliche braune Kassengestell, nicht hatte aufsetzen wollen, genau genommen: nie wieder aufsetzen wollte, wenn Wolfram in der Nähe war, musste die Augen weit aufreißen, um ihn zu erkennen. Fast vergaß sie dabei ihren eigenen Part, den der zweiten Geige am dritten Pult.

„Hey! Aufwachen! Gleich kommt unser Einsatz", flüsterte ihr Katrin zu und stieß zur Bekräftigung ihrer Worte das Knie in Kirstens Oberschenkel. Die zuckte zusammen, fand glücklicherweise schnell in ihre Stimme zurück, jedoch nicht ohne bis zum Ende des Konzertes immer wieder verstohlene Blicke in Richtung des Schwarms zu werfen.

„Was war denn los mit dir?", fragte Katrin grinsend in den tosenden Applaus hinein. „Du hast die ganze Zeit den Wolfram angestarrt? Biste verknallt in den?"

Kirsten gab keine Antwort, zuckte nur mit den Schultern und hoffte, dass die Pultnachbarin nicht weiter nachfragen würde. Es war ihr peinlich und sie nahm sich vor, Wolfram in Zukunft nicht mehr so anzustarren, was ihr allerdings schlecht gelang, denn ihr war ja nicht bewusst, wie auffällig ihr Verhalten war. In ihrer Kurzsichtigkeit nahm sie die anderen Personen und deren Blicke nur schlecht wahr und dann ging es ihr ähnlich wie Schwerhörigen, die oft sehr laut reden, weil sie selbst die Anderen nicht gut verstehen.

„Ist da nun etwas zwischen dir und dem Wolfram?", fragte Katrin eines Tages erneut und zwinkerte Kirsten verschwörerisch zu. „Du bist überhaupt nicht mehr bei der Sache." Diesmal gab sie sich nicht mit einem Schulterzucken zufrieden. „Gib's zu! Mir kannst du es doch verraten."

Da vertraute sich Kirsten der Älteren an. „Aber bitte sag es niemandem weiter", bat sie und begann zu erzählen, erst leise und mit größeren Pausen, später sprudelnd. Aus ersten scheuen Geständnissen wurde ein ausführlicher Liebesbericht. Katrin war eine geduldige Zuhörerin. Es tat Kirsten gut, endlich über ihre großen Gefühle reden zu können.

Wolfram selbst schien nichts von alldem zu bemerken. In voller Schönheit saß er Probe für Probe auf seinem Konzertmeisterposten und gab zauberhafte Töne von sich.

Dann kam dieser besonders kalte Wintertag, an dem Kirsten zur Probe die abgelegte, altmodische Skihose der Tante anziehen sollte. „Die ist warm, aus einem hervorragenden Material gemacht und steht dir wirklich gut", schimpfte die Mutter, als Kirsten versuchte sich zu weigern.

Das war das letzte Mal, dass Kirsten am dritten Pult der zweiten Geigen saß. Diesmal warf sie dem Schwarm keinen einzigen Blick zu. Sie schämte sich so sehr, dass sie am liebsten für alle Ewigkeit im Boden versunken wäre. Noch am selben Abend bat sie die Eltern, beim Orchester aufhören zu dürfen. Überraschenderweise willigten sie sofort ein.

Nächtelang und auch tagsüber träumte Kirsten von Wolfram. Vor Sehnsucht kamen ihr Tränen. Sie stellte sich vor, Hand in Hand mit ihm durch die Stadt zu schlendern. Sie unternahm in Gedanken lange Reisen mit ihm. Wie es sich wohl anfühlen würde, ihn zu küssen? Und dann? …

Schon bald bereute sie es, im Orchester aufgehört zu haben. Ihr fehlte nicht nur der Anblick des großartigen Geigers, sondern auch das gemeinsame Musizieren. Es gab kein Zurück. Wie hätte sie es begründen sollen?

Doch Zeit heilt Wunden, wie man so schön sagt. Kirsten wechselte auf die Erweiterte Oberschule, neue Mitschüler traten in ihr Leben, ein größeres Lernpensum nahm ihr die Zeit zum Träumen, und eines Tages hatte sie den einst so angehimmelten Schwarm fast völlig vergessen.

Viele Jahre später begegneten sie sich wieder. Eine Messe von Franz Schubert sollte aufgeführt werden. Kirsten sang im Chor mit. Hobbymäßig war sie der Musik treu geblieben, hatte eine Zeit lang auch in verschiedenen Streicher-Gruppen musiziert, sich schließlich aber doch fürs Singen entschieden, auch weil ihr einfach die Zeit zum Üben fehlte. Wolfram war Berufsmusiker geworden und Mitglied des Orchesters, das an jenem Abend den Chor begleiten würde.

Sie erkannte ihn sofort. Mutig sprach sie ihn in der Pause an. Selbstverständlich wisse er, wer sie sei: die kleine Geigerin, die damals aus unerklärlichen Gründen nicht mehr zu den Proben erschienen war. Kirsten war erstaunt, dass er sich an sie erinnerte und gerührt über das Bedauern, das sie aus seinen Worten herauszuhören glaubte. Beide freuten sich über das Wiedersehen und verabredeten sich zu einer Tasse Kaffee zwischen Probe und Konzert.

Wolfram trug sein inzwischen stark ergrautes Haar sehr kurz. Schade um die schönen Locken, dachte Kirsten. Wollte er damit verbergen, wie beängstigend weit sich sein Haaransatz nach hinten verlagert hatte? Trotz des seriösen Hauptes strahlte er einen jugendlichen Charme aus, den er sich erst später zugelegt haben musste, denn Kirsten hatte ihn eher als sehr ernsthaft in Erinnerung. Seine fröhliche, lockere Art gefiel ihr und nahm ihr die Befangenheit.

„Sag mal, bist du eigentlich verheiratet?", fragte sie ihn schließlich freiheraus. Sie war nicht mehr verliebt in ihn und würde nicht eifersüchtig sein. Sie war einfach nur neugierig. Die Schwärmerei von einst hatte einer großen Sympathie Platz gemacht.

„Ja klar", erwiderte er. „Ihr müsstet euch sogar kennen. Meine Frau war damals auch im Musikschul-Orchester. Wir haben uns später beim Studium wiedergetroffen und ineinander verliebt. Katrin heißt sie."

37

Kirsten verstand nicht sofort. Plötzlich rief sie überrascht: *„Die* Katrin?! Meine Pultnachbarin?" Und dann rutschte es aus ihr heraus: „Weißt du eigentlich, dass ich total verknallt in dich war? Katrin war die Einzige, die davon wusste. Ich habe es sonst niemandem erzählt." Zu guter Letzt verriet sie ihm auch noch, dass sie damals wegen dieser peinlichen Skihose im Orchester aufgehört hatte.

„Das ist ja ein Ding", sagte Wolfram und gab vor, nichts von alldem bemerkt zu haben. Und nein, Katrin habe ihm nie etwas erzählt. „Was waren wir jung damals." Lächelnd legte er für einen kurzen Moment den Arm um ihre Schulter. „Da warst du in mich verliebt und ich habe nichts davon mitbekommen. Ich hatte eben nur mein Geigenspiel im Kopf."

Hörte sie da einen leicht wehmütigen Klang in seiner Stimme? Schwang da etwas von verpassten Chancen mit? Kirsten verbot es sich, weiter darüber nachzugrübeln. Nein, sie war nicht mehr verliebt in den schönen Wolfram. Sie hatte einen Mann und zwei tolle Kinder … Katrin hatte ihr Versprechen gehalten und nichts verraten. Wie schön!

„Ich würde sie sehr gern einmal wiedersehen, die Katrin, meine Pultnachbarin", sagte Kirsten.

„Das lässt sich einrichten", versprach Wolfram. Bevor er aufstand, um sich auf das Konzert vorzubereiten, sagte er: „Eine schicke Brille trägst du übrigens. Ich stehe total auf Brillen. Weiß nicht, warum. Schon als kleiner Junge war das so. Verrückt, was? Du hattest ja früher auch manchmal eine auf, aber meistens habe ich dich im Orchester ohne gesehen." Er lachte. „Na dann bis bald."

Gesichter

Er wählt seinen Sitzplatz schräg gegenüber von mir. Zwischen uns liegt der Gang. Mit einer Mischung aus Keuchen und Seufzen lässt er sich schwer auf das Polster und seine Reisetasche vor sich auf den Boden fallen. Ich sitze in Fahrtrichtung, er setzt sich mit dem Rücken zu dieser, obwohl alle weiteren Plätze frei bleiben. Wer fährt im Zug denn freiwillig rückwärts? Ehe ich groß darüber nachdenken kann, entnimmt er seinem Gepäck eine angebrochene Weißweinflasche, trinkt einen großen Schluck daraus und leckt sich genüsslich und geräuschvoll die Lippen. Alkoholduft umweht mich.

Er könnte mir ruhig ein Schlückchen anbieten, wo wir doch beide hier so ganz allein im Zug sitzen. Ich lächle zu ihm hinüber. Ich knüpfe gern Kontakte auf Reisen, weil die Fahrt dann weniger langweilig ist. Doch er beachtet mich nicht, obwohl ich mich mehrmals räuspere.

Dann eben nicht. Ich will seinen Wein überhaupt nicht, denke ich trotzig. Vor vierzig, vielleicht sogar noch vor dreißig Jahren hätte ich tatsächlich mit einem wildfremden Mann aus einer Flasche getrunken. Alkohol desinfiziert. – Ich schlage mein Buch auf. – Ach ja, das waren noch Zeiten, damals als wir jung waren. – Mein Gegenüber lässt die Flasche in die Reisetasche zurückgleiten und fördert dafür ein riesiges Fresspaket zutage, aus dem er sich eine Börekstange fischt, hineinbeißt, und beim Kauen fürchterlich zu schmatzen beginnt. Auch als der Mund leer ist, bewegen sich seine Lippen weiter, öffnen sich, schließen sich wieder und geben unschöne Töne von sich. Ich beobachte ihn aus den Augenwinkeln heraus. Auf die Börekstange folgen eine Banane, Weintrauben und eine weitere Börekstange.

Sein Schmatzen erinnert mich an meinen alten Physiklehrer, Herrn Kröber. Der brauchte damals dafür nicht einmal etwas Essbares. Ein widerliches Geräusch! Da der Typ anscheinend nicht auf Kontakt aus ist, versuche ich, mich in mein Buch zu vertiefen.

Physik war ein Fach, mit dem ich nie viel anfangen konnte. Ich verstand den Stoff einfach nicht. Das brachte mir dann auch die erste schriftliche Fünf ein. Es sei ein Jungsfach, behauptete ich, und die meisten Klassenkameradinnen pflichteten mir bei. – Jedenfalls hatte Herr Kröber die Angewohnheit, Birgit, die Stillste der Klasse, seine zu Hause vorbereiteten Aufgaben an die Tafel schreiben zu lassen. Birgit sah niedlich aus, war schüchtern und trug oft Röcke, die ihr ein bisschen zu kurz waren. Das lag daran, dass sie als Einzelkind ihre Kleidung nicht an kleinere Geschwister weitergeben konnte, sondern selbst auftragen musste.

Während Birgit Wort für Wort und Formel für Formel der Aufzeichnungen des Lehrers mit weißer Kreide auf die Tafel übertrug, starrte dieser regungslos auf ihre blassen Beine. Nach einer Weile begannen sich seine dicken Lippen zu bewegen. Unüberhörbar. Er selbst schien es nicht einmal zu bemerken. Alle Mädchen unserer Klasse fanden Herrn Kröber eklig. Birgit tat uns leid.

Ich schaue unauffällig zu meinem Reisegefährten hinüber. Die wulstigen Lippen sind wirklich widerlich. Ich fürchte mich davor, dass er mir plötzlich seinen starren Blick zuwerfen könnte. Doch er scheint mich nach wie vor nicht zu bemerken. Sicher bin ich ihm zu alt. Schmatzend betrachtet er die vorbeirasenden Wälder und Felder. Ich mag mir gar nicht vorstellen, woran er gerade denkt. Mich schüttelt's. Ich lege mein Buch zur Seite, kann mich ohnehin nicht konzentrieren.

Herrn Kröbers gierige Blicke waren sogar Gesprächsthema auf dem Schulhof. Ob es in anderen Klassen auch solche schüchternen Mädchen, solche Birgits gab, weiß ich heute nicht mehr. Jetzt, da ich über unseren Physiklehrer nachdenke, frage ich mich, warum nie ein Erwachsener auf dieses abartige Verhalten aufmerksam wurde. Klar, Herr Kröber hat nichts Verbotenes getan. Er hat nur geguckt. Und wir lästerten, kicherten oder empörten uns über ihn und waren froh, dass wir nicht dort vorn stehen mussten. Aber Birgit litt. Das hat sie mir vor ein paar Jahren bei einem Klassentreffen erzählt.

Das Dauerschmatzen dieses Typen geht mir entsetzlich auf die Nerven. Den Wein hat er nicht noch einmal angerührt. – Hat eigentlich damals nie jemand zu Hause über diesen Lehrer gesprochen? Wussten unsere Eltern nicht, was sich im Physikunterricht abspielte? War es ihnen egal?

Der Zug hält. Endstation. Endlich! Genervt ziehe ich meinen Koffer aus dem Gepäckfach über mir. Mein Schräggegenüber erhebt sich ebenfalls.

„Warten Sie. Ich helfe Ihnen", sagt er freundlich und hebt das schwere Gepäckstück herunter. Seine dicken Lippen formen sich zu einem gemütlichen Lächeln. Er hat nette Augen.

„Dankeschön", stammele ich überrascht.

Er steigt vor mir aus dem Zug. Zwei Kinder rennen ihm entgegen. „Papa! Papi!", rufen sie. Er nimmt sie auf den Arm, dreht sich mit ihnen im Kreis herum, setzt sie ab, um seiner Frau einen Kuss zu geben. Ist das wirklich der Mann, der mich bis eben noch total angewidert hat? Bis auf dieses alberne Schmatzen hat er doch wirklich nicht das Geringste mit unserem Physiklehrer gemeinsam.

Gertruds Lichterbaum

„Das wird mein erstes Weihnachten ohne echte Christbaumker-zen", sagt Gertrud. Deshalb kann sie sich auch in diesem Jahr gar nicht so richtig auf das Fest freuen, denn dann wird die Fa-milie kommen und sie kontrollieren. Ach nein, „kontrollieren" klingt zu hart. Sie meinen es ja nur gut mit ihr. Dabei ist er im-mer so schön gewesen all die Jahre zuvor, dieser zweite Weih-nachtstag mit Kindern, Schwiegerkindern, Enkeln und in den letzten Jahren sogar mit einer steigenden Anzahl von Urenkeln.

„Wieso das denn?", fragt Helga nach.

„Meine Tochter, die Große, weißt du, die hat Angst, dass ich unterm Baum einnicke, mir die Wohnung abbrennt und ich gleich mit. Und Recht hat sie. Es passiert mir ja wirklich immer häufiger, dass ich mitten am Tag einschlafe", sagt Ger-trud traurig. „Der Kleinen ist es ziemlich egal. Die lässt mich machen. Hat ja auch genug mit ihrem eigenen Leben zu tun. Außerdem wohnt sie zu weit weg, um mir reinzureden. Aber die Große... 86 Jahre hatte ich echte Kerzen am Weihnachtsbaum." Sie stößt einen tiefen Seufzer aus. „Sogar in dem Jahr, als es nirgends welche zu kaufen gab, als unter der Hand Altarkerzen vertrieben und anschließend eingeschmolzen und zu kleinen Kerzen verarbeitet wurden, denn nur in Kirchen fand man noch diese raren Artikel. Kannst du dich erinnern, Helga? Ich hatte jedenfalls meinen Vorrat." Sie lacht. „Wann war das doch gleich? Ende der Siebziger muss es gewesen sein. – Und nun soll ich dem armen Baum solch eine hässliche elektrische Lich-terkette um die Äste schlingen."

„Ach Trudchen, das tut mir ja so leid. – Komm, ich gieß uns noch ein Käffchen ein. Oder kannst du dann heute Nacht nicht schlafen?"

„Doch, doch, einer geht noch", sagt Gertrud. Sie mag der Freundin nicht verraten, dass sie nur noch den Koffeinfreien im Haus hat. Irgendwie ist ihr das peinlich. Aber fürs Herz ist der einfach besser.

„Es hat geklingelt", sagt Helga. „Hast du das gehört?"

„Natürlich habe ich es gehört", schwindelt Gertrud und schlurft zur Wohnungstür. „Das wird der Robert sein."

„Guck mal, Ömchen, ich habe dir eine Lichterkette besorgt. Sieht fast aus wie echte Wachskerzen. Form und Größe stimmen perfekt. Es gab sie in Rot und in Weiß. Ich habe die weißen genommen. Ist doch richtig, oder? Du hattest doch immer weiße Kerzen?" Robert legt einen grünbunten Karton auf den Küchentisch. „Schönes warmes Licht. Ich habe jede Menge dieser Dinger ausprobiert. Nur das Beste für mein Ömchen." Er drückt ihr einen Schmatz aufs schüttere Weißhaar, dann nimmt er sie in den Arm. Wie gut das tut, denkt sie.

„Ach, du bist auch hier", begrüßt er dann die Freundin und erzählt, dass er gerade vom Weihnachtsmarkt kommt, wo es dieses Jahr kein einziges Weihnachtslied zu hören gibt. „Die sollen die GEMA-Gebühren so enorm erhöht haben, dass die Betreiber sich weigern, die teure Musik abzuspielen. Das finde ich total traurig. Weihnachtsmarkt ohne Weihnachtslieder geht doch gar nicht."

„Genauso wie Christbaum ohne echte Kerzen gar nicht geht", rutscht es bekümmert aus Gertrud heraus.

„Es tut mir leid, Ömchen", sagt Robert. „Ich weiß ja, dass du traurig bist, aber es ist zu deiner Sicherheit. Du weißt, auch ich habe die echten Kerzen viel lieber."

Er versteht mich, aber helfen kann er mir auch nicht, denkt Gertrud. Eine ganze Weile bleibt es still im Raum. Dann fragt sie leise: „Weißt du noch, wie ich dir früher immer zu jeder verlöschenden Kerze eine Geschichte erzählt habe? Erinnerst du dich daran?"

„Klar weiß ich das noch. Und es waren so viele Kerzen am Baum. Viele Kerzen für viele schöne Ömchen-Geschichten. Wie könnte ich das jemals vergessen?"

Ich habe diese Geschichten schon deiner Mutter und deiner Tante erzählt und gehofft, dass sie das Ritual mit ihren Kindern weiterführen, denkt Gertrud, spricht es aber nicht aus. Sie möchte nicht verbittert klingen, denn eigentlich war sie ja damals froh darüber, dass ihr diese Aufgabe überlassen worden war. Sie hatte es immer genossen, wenn sich der kleine Robert ganz eng an sie kuschelte und mucksmäuschenstill zuhörte. – Trotzdem: Warum ist es ihr eigentlich nicht gelungen, dass ihre Kinder die weihnachtlichen Traditionen in die nächste Generation tragen? Das gemeinsame Singen, die Geschichten, die echten Kerzen. Ihre Kinder haben seit Jahren diese hässlichen Lichterketten am Baum. Und ein paar der Enkel stellen den Weihnachtsbaum sogar schon am ersten Advent auf. Dazu läuft dann „Jingle Bells" und „White Christmas" vom Computer. Nichts mehr mit selber singen. Sind wir denn in Amerika?

„Wir sehen uns am zweiten Weihnachtstag", sagt Robert, wünscht ein frohes Fest und verabschiedet sich.

Am Heiligabend ist Getrud allein. Das ist in Ordnung für sie. Es war all die Jahre so, seit ihr Mann von ihr gegangen ist. Damit es nicht zu still ist, schaltet sie den Fernseher ein. Zu Weihnachten kommen immer die schönen rührseligen Filme. Später wird sie ein paar Weihnachtslieder hören. Sie hat noch einen richtigen Plattenspieler und jede Menge alter Schallplatten. Widerwillig knipst sie die scheußliche Lichterkette an, die sie eigenhändig am Baum angebracht hat.

Um neun steht Robert plötzlich vor der Tür. Diesmal hat Gertrud sein Klingeln gehört, denn die geschwätzige Helga ist ja nicht zu Besuch.

„Frohe Weihnachten, Ömchen. Ich habe dir eine Weihnachtsüberraschung mitgebracht. Die Anderen müssen davon aber nichts erfahren."

„Ach, mein lieber Junge", freut sich Gertrud, mehr noch über den Besuch ihres Enkels als auf die angekündigte Überraschung, „aber musst du denn nicht am Heiligabend bei deiner Familie sein?"

„Wir sind mit der Bescherung durch. Die Kinder spielen zufrieden mit ihren Geschenken, Bea telefoniert mit ihrer Mutter, ich werde nicht gebraucht", erklärt er, verschwindet in der Küche, kommt zurück mit einer Schüssel voll Wasser und stellt sie unter den Weihnachtsbaum. Dann zieht er den Stecker der Lichterkette, steckt Kerzen auf die Zweige und zündet sie an. „Zwölf Stück. Für jeden Monat des Jahres eine", sagt er und setzt sich neben die verblüffte Gertrud aufs Sofa.

Gemeinsam schauen sie auf das flackernde Licht, das sich in zwei Augenpaaren widerspiegelt.

„Die dort oben wird die erste sein, die verlischt. Du kannst beginnen", sagt Robert nach einer Weile. Am liebsten würde er sich wie früher an Ömchens Schulter lehnen, aber er befürchtet, dass sie seinem Gewicht nicht standhalten und zur Seite kippen würde.

Gertrud muss ein bisschen überlegen, bis sie einen Anfang findet. Die Fantasie ist eingerostet in all den Jahren. Doch kaum hat sie begonnen, purzeln immer mehr Worte aus ihr heraus. Eine Kindergeschichte nach der anderen fällt ihr ein. Es spielt keine Rolle, dass der kleine Robert inzwischen die Dreißig längst überschritten hat.

„Ich mache weiter", schlägt der vor, als ihre Stimme beginnt, müde zu klingen. Und nicht nur Ömchens Stimme wird müde. Ganz langsam rutscht Gertrud zur Seite, bis sie von Roberts breiter Schulter aufgefangen wird. Bald vermischen sich die Worte des Enkels mit leisen, rasselnden Atemgeräuschen. Er erzählt einfach immer weiter.

Dann sind alle Kerzen erloschen. Nur kleine weiße Säulen steigen noch vereinzelt von den Haltern auf und verbreiten diesen wunderbaren weihnachtlichen Duft im Raum. Schon allein dafür lieben Ömchen und Robert die echten Kerzen.

„Jetzt sind alle aus", sagt Robert. „Und ich muss leider wieder los." Als Gertrud nicht antwortet, steht er vorsichtig auf, knipst die Kerzenhalter vom Baum, lässt sie erst ein wenig abkühlen und dann in seine Jackentasche gleiten. Zuletzt steckt er den Stecker der Lichterkette zurück in die Steckdose. „Bis übermorgen", flüstert er und verlässt leise die Wohnung.

„Das war eine wunderbare Überraschung. Danke, mein Junge", brummt Gertrud mit geschlossenen Augen. Ihr ist so wohlig zumute, dass sie gar nicht aufstehen mag und gleich noch ein bisschen weiterschlafen möchte.

Als sie gegen Mitternacht aufwacht, ist sie sich nicht sicher, ob sie all das nur geträumt hat. Aber wunderschön war's, denkt sie zufrieden.

Es sollte wirklich nur Spaß sein

Manchmal bekomme ich in der Schreibwerkstatt, die ich besuche, um noch besser im Geschichtenerzählen zu werden, Hausaufgaben auf. Ich empfinde dies als sehr anregend, denn es gibt immer wieder Zeiten, in denen mir absolut nichts Erzählenswertes einfällt, Tage, Wochen, ja Monate, in denen ich glaube, alles bereits gesagt zu haben und mit dem Schreiben eigentlich aufhören zu können ... Diesmal sollten wir einen Text zum Thema: ES WAR NUR EIN GERÜCHT kreieren und mir fiel sofort diese Geschichte mit Ute und Ronald ein.

Ich erzählte sie, um mich schon mal ein bisschen im Formulieren zu üben, einer Freundin. Die lachte nach meinen ersten Worten auf und meinte: „Das kenne ich. Das haben wir als Studenten auch gemacht".

Damit war meine Idee gestorben. Wer weiß, wie viele Menschen diesen Schabernack bereits betrieben hatten. Ich wollte doch kein Klischee bedienen. Es ist aber auch wirklich über jedes Thema schon geschrieben worden, dachte ich enttäuscht und entmutigt.

Dabei war es ja bei Ute und Ronald damals nicht einfach nur Schabernack. Das dachte vielleicht Ute. Aber Ronald litt. Viele Jahre. Inzwischen weiß sie, was sie bei ihm angerichtet hat. Er liebte sie doch wirklich. Aber sie, lebenslustig, neugierig und hungrig nach Bildung, neuen Erfahrungen und Abenteuern, bekam nichts davon mit …

Die Idee entstand auf einem ihrer zahlreichen Spaziergänge durch den Park ihres Studienortes.

„Die anderen denken, wir hätten etwas miteinander", sagte Ute. Sie mochte Ronald. Er brachte ihr Hermann Hesse nahe und Franz Kafka und auch Sigmund Freud.

„Ja, ich weiß." Auch er hatte von diesem Gerücht gehört und sich heimlich gewünscht, es wäre wahr. „Das ist, weil wir ständig zusammenhängen."

„Dann lass es uns weiterverbreiten. Ist doch witzig. Mal sehen, wie lange es dauert, bis alle davon wissen", schlug sie lachend vor und hängte sich bei ihm ein.

Es gefiel ihm, sie so nah bei sich zu haben. Nie wäre er von sich aus so weit gegangen. „Da kommen welche."

„Los, ran mit dir! Es muss echt wirken." Ute befreite ihren Arm aus Ronalds Ellenbeuge und ließ ihn auf seine Hüfte gleiten. „Du auch! Mach schon! Zier dich nicht!"

Erfreut griff er nach ihrer Taille. Er bebte vor Glück und Begehren und erschrak über sich selbst. Sie zog ihn noch ein wenig dichter an sich heran, ohne etwas von seiner Aufregung mitzubekommen.

Schon am nächsten Tag hatte es sich herumgesprochen. „Es wird gemunkelt, ihr seid ein Paar?"

Das Gerücht hielt sich. Tagelang. Wochenlang. Sie halfen gern nach – Ute aus purer Lust am Schabernack, Ronald voll heimlicher Hoffnung.

Als er es endlich wagte, sie zu einem Glas Wein einzuladen, lehnte sie lachend ab. Sie habe zu tun und Wein trinke sie sowieso gar nicht so gern. Sie übersah seine Enttäuschung, schlug ihm fröhlich auf die Schulter und meinte:

„Wir könnten übrigens langsam wieder damit aufhören. Nicht dass wir uns noch an diesen Zustand gewöhnen. Ich bin gespannt, ob es sich genauso schnell herumspricht, dass alles nur ein Spaß war."

Er konnte nicht darüber lachen.

„Was ist? Wirst du jetzt sentimental? Es hat doch toll geklappt, echt lustig." Sie umarmte ihn, hauchte ihm einen Kuss auf die Wange und sprach: „Dann mach's mal gut, mein Liebster. Bis demnächst", und verschwand in der Uni.

Ronald litt. Noch Jahre später litt er, wenn er an sie dachte. Er hatte ihr nie seine Liebe gestanden. Sie blieben Freunde. Auch nach dem Studium hielten sie die Verbindung aufrecht, obwohl sie an entfernt voneinander liegenden Orten landeten, Ronald in Hamburg, Ute hier in unserem Dorf, wo ich sie eines Tages kennen lernte. Die Beiden schrieben sich Briefe, später Mails. Friedrich Nietzsches Nihilismus und andere philosophische Themen lösten Hesse, Kafka und Freud ab. Um Persönliches ging es seltener.

Erst nach dem Tod von Utes Mann kamen sie zueinander. Für Ronald, der hin und wieder lose Verbindungen eingegangen war, jedoch nie etwas Festes gewollt hatte, war der ersehnte Moment gekommen. Höflich wartete er die ersten Wochen nach der Beerdigung ab, bevor er Ute besuchte. Sie hatten sich noch immer viel zu sagen, wenngleich diesmal das Persönliche das Philosophische stark in den Hintergrund drängte. Schließlich gestand er ihr seine jahrelange Liebe. Seitdem sind sie ein Paar. Ein echtes Paar. Und das ist kein Gerücht.

So, nun habe ich die Geschichte doch erzählt. Aber ist es nicht, wie ich sagte? Klingt das nicht total nach Klischee? Dabei ist es genauso passiert. Ich war auf ihrer Hochzeit. In den letzten Jahren habe ich Ute und Ronald allerdings ein bisschen aus den Augen verloren. Ich ging irgendwann nicht mehr hin. Mich störte ihr ständiges Geschmuse. Da fühlte ich mich fehl am Platz. Aber so viel ich gehört habe, sind sie noch immer ein glückliches Paar und das freut mich für sie, vor allem für Ronald.

Einfach nur vertrauen

Es ist jetzt zwei Jahre her, dass mein Leben für zwei volle Monate auf den Kopf gestellt wurde. Ukrainische Flüchtlinge kamen massenweise nach Deutschland. Mein Haus war groß und mit meinen beiden Mietern und mir nur kärglich bewohnt. Ich bot an, meine Gästezimmer vorübergehend zur Verfügung zu stellen. Eine ganze Familie sollte es möglichst sein. Damit sich der Aufwand lohnte.

Schon am nächsten Tag trafen sie ein, zwei Uhr nachts, mit vier Stunden Verspätung. Vater, Mutter, drei Kinder. Ich war total müde, ebenso die Vermittlerin der Familie, die mitgekommen war, um für uns zu übersetzen. Russisch, die Sprache des Feindes, sei nicht erwünscht, war mir gesagt worden. Meine Englischkenntnisse waren sehr mangelhaft.

Während Mama Roksolana ihre im Auto schlafenden Kinder bewachte, zeigte ich Familienoberhaupt Andrey die Zimmer, Duschgelegenheiten, Kaffeekochmöglichkeiten und besprach das Allernötigste. Ich wollte nur noch ins Bett, schickte meine Übersetzerin nach Hause und vertraute darauf, dass die Familie alles fände, was sie bräuchte.

Am Morgen war meine Terrasse mit einem dichten Leinennetz überzogen, auf dem Strümpfe, Hosen, Pullover und Unterwäsche fröhlich im Wind flatterten. „Good morning", grinste mich ein kleiner Junge keineswegs scheu an. Ich erschrak, denn ich hatte ihn nicht kommen hören.

Gegen zehn war die ganze Familie in der Küche versammelt. „Guck einfach in alle Schränke, wenn du etwas benötigst", sagte ich Roksolana mit Hilfe des Google-Übersetzers. Von dem Moment an war ich gern gesehener und immer gut bewirteter Gast in meiner Küche. Sobald ich von nun an diesen

Raum betrat, tönte es: „Anke, eat!" „Is good", sagte ich erschrocken, nachdem mir Andrey die dritte Ladung Pancakes auf den Teller geschoben hatte. Meine Ablehnung wurde als Lob missverstanden und ein weiterer, diesmal mit Quark gefüllter Fladen nachgelegt. Ob Borschtsch, Käsekuchen, Gemüsesuppe oder einfach mit ukrainischer Nusscreme beschmierte Brote, es schmeckte alles hervorragend.

Zum Frühstück blieb ich allein. Die erste Mahlzeit meiner Gäste fand gegen zwölf statt, die letzte abends um zehn. Da nie alle gleichzeitig aßen, bleib es nicht bei drei Mahlzeiten. Etwas Essbares stand immer auf dem Tisch, einer aß immer. Babygeschirr, Kochtöpfe jeglicher Größen, Wasch- und Wischlappen, gesunde Kekse, seltsame Körnermischungen sowie gespendete, lange haltbare Lebensmittel verschiedenster Art füllten meine Küche.

Einzig der neunjährige Sohn Mykyta stand morgens zeitig auf. Pünktlich um acht Uhr saß er in meinem Arbeitszimmer, um online für die Schule zu lernen. Eigentlich hatte ich nur Vater Andrey gestattet, dieses Zimmer zu benutzen, da dort der Drucker stand und er viel am Computer zu organisieren und auszudrucken hatte. Die Erlaubnis übertrug sich dann ohne mein Zutun automatisch auf den Rest der Familie, denn auch Mykyta und die englisch lernende Roksolana brauchten meinen Drucker und viele Seiten Papier für ihre Aufgaben.

Bis auf Baby Kristina, das eigentlich längst hätte krabbeln müssen, es aber durch zwei Wochen permanenter Autofahrerei noch nicht hatte ausprobieren können, waren es äußerst lebhafte Kinder. Anfangs hatte ich noch Angst, wenn die zweijährige Darja in einem Tempo, das man so einem kleinen Mädchen einfach nicht zutraut, die Treppe heruntersprang, freihändig mit einem Eis in der Hand auf meinem Schaukelstuhl stand, oder wenn Mykyta – wie auch immer er da hinaufgekommen war – plötzlich auf dem Dach des Carports saß, auf dem wackligen Gartenzaun stand oder seine Kletterkünste nutzte, um etwas aus einem der oberen Küchenschrankfächer zu angeln. Da die Eltern jedoch keinerlei Regung zeigten, baute ich meine Ängste schnell ab und begann zu vertrauen.

Zwei Monate lebten meine beiden Mieter, die ukrainische Familie und ich als WG zusammen. Es war eine interessante und auch schöne Zeit. Mein seit Jahren so stilles Haus war wieder zum Leben erwacht. Wer gerade Zeit hatte, kaufte ein, alle aßen davon. Es war immer genug da. Bisher übliche Kühlschrankfächer-Einteilungen wurden außer Kraft gesetzt. Wer etwas für sich behalten wollte, musste es verstecken. Mein deutscher Mieter verblüffte mich mit guten Englischkenntnissen. Mein polnischer Mieter sprach mit unseren Gästen angeblich nur auf Polnisch und Ukrainisch, aber ich hörte auch immer wieder Vokabeln in der eigentlich nicht gewollten russischen Sprache heraus. Wenn wir alle zusammen waren, gab es keine Verständigungsprobleme.

Dass meine Gäste lediglich die beiden ihnen zugewiesenen Zimmer nutzen würden, war reine Illusion. In Kürze hatten sie das ganze Haus erobert. Nur in mein Schlafzimmer kamen sie nie. Dort versteckte ich mich manchmal. Ich war ganz leise, las ein Buch oder schrieb und dachte: Ja, früher hatte ich mal ein Haus ganz für mich allein.

Allabendlich, gegen halb elf, nachdem die Familie ihre letzte Mahlzeit eingenommen hatte und die Kinder gebadet worden waren, ging meine Tür auf und zwei duftende kleine Menschlein kamen herein. Während Mama Roksolana das Baby ins Bett brachte und Papa Andrey online das zukünftige Leben der Familie zu organisieren versuchte, legte sich Mykyta neben mich aufs Sofa, seinen Blick starr auf den Fernseher gerichtet. Darja stellte sich auf den geliebten Schaukelstuhl und begann freihändig zu schaukeln. Da wir über keine gemeinsame Sprache verfügten, lächelten wir uns einfach an. Die Kinder gingen erst, wenn ich sagte: „Und tschüss". „Schjus", war das einzige deutsche Wort, welches die kleine Darja während ihres Aufenthaltes bei mir lernte. Da die Familie nach Kanada umsiedeln wollte und bei mir nur auf ihre Visa wartete, legte ich keinen Wert darauf, den Kindern meine Sprache beizubringen. Ich wollte sie nicht überfordern. Stattdessen begann ich Englisch zu lernen, denn vielleicht würde ich sie ja eines Tages in ihrer neuen Heimat besuchen.

Der erste Mai war ein Tag, an dem ich beschloss, eine Auszeit von meiner WG zu nehmen. Ich glaubte fest darauf vertrauen zu können, dass zu Hause inzwischen auch ohne mich alles lief und begab mich auf einen Fahrradausflug mit geplanten Zwischenstationen, wie dem Besuch einer Freundin, einem Badeaufenthalt und Bratwurstessen auf der Mai-Wiese.

Nach elf Kilometern hatte ich das Haus der Freundin erreicht. Sie schenkte gerade ihren wunderbaren selbstgemachten Likör ein, als der Anruf kam: „Wo bist du? Du musst sofort kommen! Das Wasser läuft die Wände herab."

„Nicht schon wieder ein Rohrbruch!", war mein erster Gedanke. Ich beschrieb meinem aufgeregten Mieter die Stelle, wo sich der Haupthahn befindet, den er unbedingt abstellen sollte. Mindestens eine halbe Stunde würde ich mit dem Fahrrad für den Rückweg brauchen. Eine viel zu lange Zeit, um selbst etwas zur Schadensbegrenzung beitragen zu können. Meine Mitbewohner mussten allein klarkommen. Wenn der Tag schon verdorben war, wollte ich wenigstens den Likör in Ruhe austrinken. Keine Panik! Einfach vertrauen! Es war nicht der erste

Rohrbruch, den ich erlebte. Es wird sich eine Lösung finden, dachte ich, während ich das gute Getränk dann doch viel zu schnell hinunterkippte.

Dann raste ich los, auf kürzestem Weg nach Hause, nur von knappen Telefonaten unterbrochen. Ich rief einen Freund an, der sich in meinem Haus auskannte und mit dem Auto schneller da sein konnte als ich. Ich telefonierte mit meinem Klempner, um ihn um Rat zu bitten. Nein, ich ging nicht davon aus, dass er an einem Feiertag zu mir käme. Nur einen Tipp wollte ich haben. Er empfahl den Notdienst. Gleichzeitig fielen mir drei gute Handwerker aus der Nachbarschaft ein. Einer von ihnen würde bestimmt helfen.

Als ich endlich zu Hause ankam, waren die fehlgelaufenen Wassermassen komplett beseitigt und ich quasi überflüssig. Der Boden meines polnischen Mieters, der für ein paar Tage nach Hause gefahren war und gar nicht mitbekam, was in seinem Zimmer passierte, war so gründlich wie noch nie gereinigt worden. Roksolana goss noch schnell das Wasser aus der Deckenlampenschale in den Wischeimer und schaute mich schuldbewusst an. Mykyta erzählte in seinem neu erworbenen Englisch etwas von „bathroom" und „twenty minutes water", was ich nicht einordnen konnte, und zeigte dabei auf die Schwester, die mich mit ihrem süßesten Lächeln anstrahlte. Als ich meinen Mieter nach dem abgestellten Haupthahn fragte und er meinte, das sei doch nicht nötig, verstand ich gar nichts mehr.

Mit Hilfe des Google-Übersetzers erfuhr ich die ganze Geschichte. Sie begann mit dem Satz: „Darja kann nichts dafür", der von einem um Verständnis flehenden Blick des Vaters begleitet wurde. Die Kleine hatte unbeaufsichtigt im oberen Bad gespielt, dabei den Waschmaschinenanschluss, von dessen Existenz ich bisher gar nichts gewusst hatte, entdeckt und aufgedreht. Papa Andrey hatte das Geräusch fließenden Wassers zwar vernommen, aber geglaubt, jemand stünde unter der Dusche. Erst als nach zwanzig Minuten immer noch geduscht wurde, war er stutzig geworden und hatte die Bescherung entdeckt. Ich stellte mir vor, wie die kleine Darja, dieses liebenswerte, neugierige Geschöpf fasziniert beobachtet, wie das strömende Wasser nach und nach den Badfußboden bedeckt, schließlich über die Schwelle tritt, in den Flur dringt und als kleiner Wasserfall die Treppe herunterläuft. Nein, ihr konnte ich nicht böse sein.

Wenigstens war es kein Rohrbruch. Ich war erleichtert. Auch waren die folgenden Tage so heiß, dass die Wände gut trocknen konnten. Nicht die kleinsten Wasserspuren blieben zurück. Lediglich ein winziges Stück Deckentapete hatte sich gelöst. Man muss eben einfach nur vertrauen.

Drei Wochen später reiste die Familie nach Kanada weiter. Ich hatte sie tatsächlich liebgewonnen, aber zu sagen, dass sie mir fehlen, wäre gelogen. Besuchen werde ich sie vorläufig doch nicht. Die Welt ist mir gerade für solch lange Reisen zu unsicher. Aber mein Englisch lerne ich weiter – jeden Tag eine halbe Stunde. Der Jahrzehnte vor mir hergeschobene Plan, mich mit dieser Sprache zu befassen, wurde endlich umgesetzt. Das habe ich meinen ukrainischen Gästen zu verdanken. Mein Hirn füllt sich nur langsam mit den ungewohnten Vokabeln, doch ich gebe nicht auf. Ich vertraue auf meine Ausdauer.

Der unverhoffte Händedruck

Frau Obrovsky ist gerührt, als sie die Hand ihres Schülers plötzlich in der ihren spürt, und es kostet sie einige Mühe, diese Rührung nicht zu zeigen, denn Gefühle, die sie zu überwältigen drohen, behält sie lieber für sich. Darum blinzelt sie erst ein paar Mal, um die Tränen zurückzudrängen, räuspert sich dann und sagt schließlich:

„Tschüss, Valentin. Bis nächste Woche."

Sie mag diesen Jungen, der nicht nur seit sechs Jahren mit echter Freude auf seinem Cello übt, sondern auch aufgrund einer guten Musikalität nie diese oft bei Streichinstrumentenanfängern so schwer erträglichen unsauberen Kratztöne hervorgebracht hat. Einmal, ganz zu Beginn der Krankheit, die so vieles veränderte, war Valentin im Unterricht rot angelaufen, weil er sich nicht getraut hatte zu husten. Erst nachdem sie ihn aufgefordert hatte: „Na, nun lass es schon raus. Ich stecke mich doch nicht gleich an", hatte er befreit und ausgiebig gehustet, um sich anschließend mit dem Handrücken verschämt die Augen zu trocknen. Ja, Valentin ist ein toller Junge, fleißig, rücksichtsvoll, freundlich und höflich.

Drei Jahre hat Frau Obrovsky diese Hand nicht mehr gedrückt, so wie sie auch das rechte Handgelenk des Jungen seit jener Zeit nie mehr berührt hat, um die Bogenhaltung zu korrigieren, oder einzelne Finger der linken Hand, um sie in die richtige Position zu bringen. So wie sie überhaupt keine Hand eines Schülers seit jener Krankheit mehr angefasst hat. Valentins Hand war größer geworden. Fast schon eine Männerhand. Drei Jahre sind eine lange Zeit. Was hatte den Jungen dazu gebracht, sich plötzlich wieder auf diese Weise von ihr zu verabschieden? Sie wird es wohl nie erfahren, denn sie möchte ihn nicht danach fragen. Sie wird ihm einfach in Zukunft wie selbstverständlich die Hand reichen. So wie früher.

Einst hatte Frau Obrovsky es sich zur Aufgabe gemacht, den ihr anvertrauten Kindern neben dem Cellospiel auch das Begrüßen und Verabschieden mit Händedruck beizubringen. Mit einem ordentlichen Händedruck, versteht sich, nicht zu fest, nicht zu lasch, mit Angucken und ohne Kaspereien. In dieser Beziehung war und ist sie ein wenig konservativ.

Sie mag einfach diese vielleicht als altmodisch geltende und auch eher ostdeutsche Art der Begrüßung. Ein Händedruck ist ihr um vieles lieber als die neumodischen, oberflächlichen, fast berührungslosen Umarmungen oder jene Luftküsse, bei denen sie nie genau weiß, wie sie sich zu verhalten hat. Sich die Hand zu geben, findet sie bedeutend persönlicher. Man sieht seinem Gegenüber ins Gesicht, kann schon bei der Begrüßung dessen Stimmung erkennen und reagieren. Man kann lächeln, Überraschung, Bestürzung, Mitgefühl oder Ablehnung zeigen. Der erste Schritt einer Kommunikation ist getan. Die zugreifende Hand kann die verschiedensten Emotionen ausdrücken. Manchmal allerdings passen Gesichtsausdruck und Händedruck nicht zusammen ... Frau Obrovsky muss lächeln. Ja, sie hat schon viel über dieses Thema nachgedacht. Hat beobachtet und analysiert.

Händedruck ist nicht gleich Händedruck. Da gibt es den Schmerzen verursachenden, energisch kraftvollen, oft von Männern, aber nicht ausschließlich von ihnen, angewandten, der Gelenke zum Knacken bringt. Menschen, die auf diese Art begrüßen, möchten selbstbewusst wirken, sind aber auch ein bisschen rücksichtslos. Eine zu lasche Hand hingegen verursacht bei Frau Obrovsky ein Schütteln des gesamten Körpers. Natürlich versucht sie solch eine Reaktion so gut wie möglich zu verbergen, denn die Zaghaftigkeit könnte in krankheitsbedingter Schmerzempfindlichkeit begründet sein. Frau Obrovsky ist eine höfliche Person, die ihr Gegenüber nicht verletzen möchte. Manchmal ist es auch einfach Schüchternheit oder Misstrauen, die die Kraft aus der grüßenden Hand zu ziehen scheint. Dann ist es an dem Begrüßenden, dem Gegenüber Sicherheit zu verleihen. Manch ein Händedruck ist so schnell vorbei, dass man sich nicht sicher ist, ob er überhaupt stattgefunden hat. Ein anderer will überhaupt nicht aufhören und grenzt schon fast an sexuelle Belästigung. Manche Menschen haben die Angewohnheit, auch noch ihre linke Hand mit einzubeziehen. Die umschließt dann wie zur Bekräftigung des Grußes die rechten beider Begrüßungspartner. Sehr kalte Hände können Rührung und Gänsehaut hervorrufen. Warme Hände sind angenehm und strahlen Geborgenheit aus.

Die Kinder lernten schnell. Wenn jemand nicht richtig zufasste, bekam er von Frau Obrovsky eine ebenfalls lasche Hand gereicht, war irritiert und sagte: „Iiii, wie ekelig!". Dann lachten sie gemeinsam und probierten es gleich noch einmal. Oft viele Male hintereinander. Es wurde zum Spiel. Immer fester drückten die Kinder zu. Besonders die Jüngsten entwickelten den Ehrgeiz, Frau Obrovsky mit aller Kraft die Hand zu quetschen. Doch nur ein einziges Mal schaffte ein Junge den kraftvollen, Schmerzen verursachenden Händedruck. Er spielte seit Jahren Handball. Er hatte das Spielchen dann zwar gewonnen, erschrak aber dermaßen über den Schmerzensschrei seiner Lehrerin, dass er nie wieder zu fest zudrückte.

Unzählige kleine, mittlere und größere Hände hat Frau Obrovsky während ihrer jahrzehntelangen Unterrichtstätigkeit in ihrer gehalten. Auch linke waren dabei. Die wurden genauso entgegengenommen. Es gibt keine guten und schlechten, keine richtigen und falschen Hände. Notfalls reichte sie ebenfalls die linke. So passten sie besser ineinander.

All diese Bilder und Gedanken gehen der Lehrerin durch den Kopf, während sie Valentins Hand hält.

Damals kam dann die Krankheit, die so vieles veränderte. Es wurde den Menschen untersagt einander zu berühren. Auch Umarmungen wurden verboten. Aber am schlimmsten war das gegenseitige Anfassen unbekleideter Haut. Wieder lernten die Kinder schnell. Ihre Hände zuckten allenfalls kurz, bevor sie wieder rechts – oder manchmal auch links – des Körpers herabbaumelten. Im Unterricht musste Frau Obrovsky plötzlich bedeutend mehr erklären. Hatte sie früher Finger zurechtgerückt, Daumen verschoben oder Handgelenke angehoben, waren nun viele erklärende Worte nötig. Die Lehrerin gewöhnte sich nie daran.

Valentins Händedruck ist warm und angenehm fest. Er hat nichts verlernt, stellt Frau Obrovsky erfreut fest.

Noch weiß sie nicht, ob sie mit Ihrer Erziehung zum kräftigen Händedruck wieder beginnen soll. Die Menschen sind vorsichtiger geworden seit jener Krankheit. Ängstlicher und überhaupt distanzierter. Vielleicht gerät diese Art der Begrüßung eines Tages sogar ganz aus der Mode. Das würde sie sehr schade finden.

„Tschüss, Valentin. Bis nächste Woche", ruft sie ihrem Schüler noch einmal hinterher.

Der Brief, der alles hätte verändern können

Es war still geworden zwischen Peter und Stefanie. Früher hatten sie vieles gemeinsam gemacht. Sie waren ins Theater, in Konzerte und Ausstellungen gegangen, zusammen verreist, hatten lange Fahrradtouren oder unterhaltsame Spaziergänge unternommen und sogar die gleichen Bücher gelesen, um sich anschließend darüber auszutauschen. Dann kam der Junge, ein Jahr später das Mädchen. Nun reisten sie zu dritt, schließlich zu viert und viel seltener. Museen und Konzerthallen wichen Spielplätzen und Streichelzoos. Unterhaltungen wurden von Babygeschrei oder kindlichen Fragen unterbrochen. Peter bekam einen neuen Posten in der Firma und hatte nicht mehr so viel Zeit überallhin mitzukommen. Irgendwann war dann die Stille eingekehrt. Irgendwann hatten sie einander verloren …

Erschöpft lässt sich Stefanie in den Sessel fallen. Die Kinder schlafen. Gleich wird Peter nach Hause kommen. Endlich wird sie sich mit einem erwachsenen Wesen unterhalten dürfen. Es sind tolle Kinder. Aber sie sind auch anstrengend. Paulchen redet ununterbrochen, möchte auf alle seine Fragen umgehend Antwort haben, und Mathilda befindet sich inmitten ihrer ersten Trotzphase. Unschlüssig steht Stefanie vor dem Weinregal, entscheidet sich schließlich für Weißwein und stellt eine Flasche in den Kühlschrank. Sie schaltet den Fernseher an, um die Zeit zu überbrücken.

Peter fährt den Laptop herunter, klappt ihn zu, löscht das Licht und schließt die Bürotür hinter sich. Es ist spät geworden. Er hat das Gefühl, heute besonders viele Telefonate geführt zu haben. Die Kinder werden bereits im Bett liegen. Er hat sie heute früh nur kurz gesehen. Er ist stolz auf sie, hat immer ihre neuesten Fotos auf dem Schreibtisch stehen und zeigt sie gern den Kollegen. Stefanie ist eine gute Mutter. Er hat wirklich Glück mit seiner Familie. Er freut sich auf zu Hause. Endlich abschalten dürfen. Nicht mehr denken müssen. Nicht mehr reden müssen.

Durch das angelehnte Fenster hört Stefanie Peter ankommen. Sie kennt das Motorgeräusch, schaltet den Fernseher aus, stellt den Weißwein und zwei Gläser auf den Tisch. Peter begrüßt sie mit einem Kuss. „Wie war dein Tag? – Ich hole mir mal ein Bier", sagt er. „Ich habe uns Weißwein kaltgestellt. Ich dachte, wir könnten ein Gläschen zusammen trinken", erwidert Stefanie. „Ach, Schatz, das ist lieb von dir, aber mir ist heute mehr nach Bier", sagt er freundlich und schaltet den Fernseher an. Stefanie ist enttäuscht, bleibt trotzdem noch ein bisschen neben ihm sitzen und lässt den verhassten Fußball über sich ergehen. Dann wünscht sie ihm: „Gute Nacht", und legt sich ins Bett. Als Peter kommt, stellt sie sich schlafend. Er soll ihre Tränen nicht sehen.

Der nächste Abend läuft ähnlich ab, nur dass Stefanie diesmal keinen Wein kaltgestellt hat. Die Enttäuschung sitzt ihr noch im Nacken. Den Fernseher schaltet sie trotzdem aus, als Peter nach Hause kommt. „Du fragst mich gar nicht, wie es gelaufen ist", stellt er fest. Ach ja, heute war doch dieser wichtige Vertragsabschluss, fällt ihr ein, aber da läuft bereits das Fußballspiel. „Paulchen ist schon wieder erkältet. Er hatte vorhin erhöhte Temperatur", sagt sie. „Das ist nicht schön", antwortet er abwesend …

So fing es damals an. Stefanie und Peter lebten sich Schritt für Schritt und Tag für Tag mehr auseinander. Nicht, dass sie sich stritten. Sie gingen höflich miteinander um, kümmerten sich beide liebevoll um die Kinder, die prächtig gediehen, und hatten sich nach wie vor gern. Im Freundeskreis sprach er ausschließlich gut über sie, und sie beschwerte sich nur sehr selten über ihn, seine zunehmende Zerstreutheit und die Kühle, die trotz aller Freundlichkeit von ihm ausging. Doch das gegenseitige Interesse war ihnen verloren gegangen ...

Es bleibt Peter nicht verborgen, dass Stefanie immer stiller wird. Sie ist so schnell genervt, wirkt manchmal regelrecht verzweifelt, ist neuerdings so unnahbar. Was hat sie nur? Warum redet sie denn nicht mit ihm darüber? Was hat er falsch gemacht? Ihre Kälte ist schwer zu ertragen. Er beschließt, ihr einen Brief zu schreiben, in welchem er sie um ein Gespräch bei einem Glas Wein oder vielleicht sogar einem gemeinsamen Abendessen bittet.

> *„Liebste Steffi, mein Schatz,*
> *warum bist du in letzter Zeit so abweisend zu mir? Was*
> *ist geschehen? Lass uns bitte miteinander reden ...“*

Diese und weitere Worte schreibt er. An jenem Tag schließt er die Bürotür eher hinter sich. Er kauft einen großen Strauß roter Rosen und steckt den Brief zwischen die Blumen.

Stefanie freut sich sehr. Lange hat Peter ihr keine Blumen mehr mitgebracht. Wie gerührt war sie damals gewesen, als er mit der einzelnen Rose zu ihr kam. Noch nie zuvor hatte ihr ein Mann Blumen geschenkt. Bis heute bewahrt sie die Rose im Schmuckkästchen auf, obwohl sie inzwischen ihre Farbe völlig eingebüßt hat, in viele kleine Bestandteile zerfallen und kaum noch als das zu erkennen ist, was sie einmal war. Stefanie kann sich nicht von ihr trennen. – Sie stellt den Strauß in eine

Vase, bemerkt erstaunt den Brief, legt ihn auf den Küchentisch, um ihn gleich in Ruhe zu lesen. Plötzlich beginnt Paulchen fürchterlich zu husten und zu weinen. Schnell, damit Mathilda nicht aufwacht, läuft Stefanie ins Kinderzimmer. Sie braucht sehr lange, um den Jungen zu beruhigen. Als er endlich wieder schläft, ist auch Peter im Bett verschwunden. Stefanie ist erschöpft und fürchterlich müde. Sie beschließt, die Küche erst morgen früh aufzuräumen und geht ebenfalls ins Bett. Den Brief hat sie in all der Aufregung völlig vergessen.

Tagelang wartet Peter auf eine Reaktion von Stefanie. Er ist verunsichert. Warum ignoriert sie seine Worte? Findet sie sein Anliegen lächerlich? Liebt sie ihn nicht mehr? Er versteht das nicht. Sollte er sie vielleicht auf den Brief ansprechen? Erneut um ein Gespräch bitten? Er fürchtet sich vor ihrer Antwort und wartet weiter…

Paul und Mathilda wuchsen heran, beendeten die Schule und begannen in entfernten Städten zu studieren. Stefanie und Peter lebten nebeneinander her. Jahrelang hatten sie mehr oder weniger erfolgreich versucht, die Kinder ihre Eheprobleme nicht spüren zu lassen. Nun ließen sie sich scheiden. Ihre letzte gemeinsame Aufgabe war mit dem Auszug der Kinder beendet. Vor dem Gerichtsgebäude sprach Peter Stefanie endlich auf jenen Brief an. Es spielte keine Rolle mehr, aber wissen wollte er es doch gern, denn irgendwie tat es immer noch weh.

„Warum hast du mir eigentlich nie auf meinen Brief geantwortet?", fragte er sie mit unüberhörbarem Vorwurf in der Stimme. „Wochenlang, monatelang habe ich auf eine Reaktion von dir gewartet."

Es dauerte eine Weile, bis Stefanie wenigstens ansatzweise begriff, wovon er sprach. Heiß und kalt lief es ihr über den Rücken. Von welchem Brief redete er? Jetzt, da er es erwähnte, kamen zwar bruchstückhaft vage Erinnerungen an einen großen Strauß roter Rosen. Aber ein Brief? „Ich weiß von keinem Brief. Ich würde mich doch erinnern. Ich hätte doch reagiert. Du kennst mich."

Es fiel Peter schwer, ihr zu glauben.

„Warum hast du denn nie etwas gesagt?", fragte sie. Nun, nach fast zwanzig Jahren war es zu spät dafür.

So sehr sich Stefanie jetzt auch anstrengte, sie konnte sich wirklich an keinen Brief erinnern. Es war aber auch immer so viel zu bedenken und zu organisieren damals, als die Kinder klein waren und sie mit ihnen, ihren Krankheiten und dem ganzen Haushalt ziemlich allein dastand, weil Peter kaum zu Hause war …

Stefanie und Peter wurden Freunde. Sie haben eine lange gemeinsame Vergangenheit, zwei wunderbare Kinder und einen niedlichen Enkel. Das verbindet. Gegenseitige Erwartungen existieren nicht mehr, was vieles leichter macht. Manchmal fragt sich Stefanie, was wohl aus ihrer Ehe geworden wäre, wenn der Brief damals nicht versehentlich ungelesen im Altpapier gelandet wäre? Denn nur so kann sie sich sein Verschwinden erklären.

Höhenangst, die kommt und geht

Neulich beim Einkaufen traf ich meine alte Bekannte Elisabeth. Unsere Söhne waren lange Zeit Freunde gewesen, was auch zwischen uns Frauen so eine Art Freundschaft hatte entstehen lassen. Inzwischen sind die Jungs längst erwachsen, haben feste Partnerschaften und leben in anderen Orten. Wir Mütter verloren uns aus den Augen. Doch jetzt freuten wir uns über die Wiederbegegnung. Sofort wurden Erinnerungen ausgetauscht. Unsere halbwüchsigen Söhne hatten ja damals allerhand Streiche ausgeheckt, an die ich mich gar nicht so gern erinnere, aber Elisabeth ließ sich nicht bremsen. Sie war in Erzähllaune.

„Ich vergesse nie, wie die Bengels am Silvesterabend auf unserem Hausdach neben dem Schornstein standen und mit Pfeil und Bogen in die Gegend schossen", sagte sie und lachte so laut, dass es mir peinlich war. „Denen habe ich vielleicht Beine gemacht. Davon weißt du gar nichts?"

Diese Geschichte kannte ich tatsächlich noch nicht. Mein Sohn, der als kleiner Junge ängstlich zitternd im Riesenrad gesessen hatte, der auf höheren Spielgeräten Panik bekam und Kettenkarussells hasste, hatte mir zwar von seiner Kletteraktion in den Ruinen des alten Klinikgeländes berichtet und auch vom Balanceakt über das wackelige Brückengeländer, aber eigentlich nur, um mich, seine höhenängstliche Mutter, ein bisschen zu necken. Ich habe anschließend nächtelang davon geträumt und mir gewünscht, er hätte es mir nicht erzählt. Wie viele solche riskanten Abenteuer gab es, von denen ich nie erfahren habe? Mir wurde ganz anders.

Doch dann musste ich an meine eigene Kindheit und Jugend zurückdenken. Waren wir anders? Hatten nicht auch Petra und ich uns immer wieder Mutproben ausgesetzt? Und auch unsere Eltern haben das meiste davon bis heute nicht erfahren. Wann fing das überhaupt an mit meiner Höhenangst? Als Kind hatten mir Höhen überhaupt nichts ausgemacht.

Wir wohnten im dritten Obergeschoss eines Gründerzeithauses. Unter unserem Wohnzimmerfenster ragte das Erkerdach der Wohnung des zweiten Geschosses hervor. Deshalb konnten wir vom Fenster aus nie sehen, was auf der Straße geschah. Allerdings sah man auch uns von dort unten nicht. Das nahmen Petra und ich eines Tages zum Anlass, den Inhalt der Babywanne, in welcher die Puppen zuvor gebadet hatten, becherweise aus dem Fenster zu schütten. Bis zum Bauch krochen wir auf das Fensterbrett, um einen Blick auf den Fußweg zu erhaschen. Nichts war zu sehen. Aber es war lustig, das Platschen auf den Pflastersteinen zu hören. Plötzlich klingelte es. Da unsere Familie selten Besuch bekam, rannten wir neugierig zur Tür. Vater war schneller. Er öffnete einem Polizisten und einer Frau mit triefend nasser Bluse. Es gab gewaltigen Ärger.

Aber ich wollte ja von unseren Mutproben erzählen. Trotz dieser Wassergeschichte durften wir weiterhin bei offenem Fenster allein im Wohnzimmer spielen. Es sollte immer möglichst viel gute Luft hereinkommen – obwohl wir in einer Industriestadt wohnten und alles andere als gute Luft hereinströmte. Und dann stand plötzlich diese Frage im Raum: Wer traut sich auf das Erkerdach? Keine Ahnung, wer die Idee zuerst hatte. Jedenfalls trauten wir uns beide. Mit ausgebreiteten Armen standen wir kurz darauf außerhalb des Zimmers – zuerst Petra, die etwas Mutigere, dann ich. Keiner sah zu uns hoch. Alle liefen geschäftig weiter. Das war zwar enttäuschend, aber wenigstens konnten wir endlich einmal die ganze Straße von oben sehen.

Die Kinderzimmergeschichte passierte mehr aus Neugierde als aus Mut. Wir hatten bereits unsere Schlafanzüge an, als wir gemeinsam das Fensterbrett bestiegen – ich rechts, Petra links der hölzernen Mittelstrebe, an der wir uns gut festhielten. Was für ein Ausblick! Anders als im Wohnzimmer, konnten wir hier ganz steil nach unten blicken. Die geöffneten Fensterflügel gaben unserem Rücken Halt. Diesmal wurden wir von Passanten gesehen. „Macht euch sofort da runter, oder ich rufe die Polizei", schrie eine Frau hysterisch und wir sprangen erschrocken zurück ins Zimmer. Vor der Polizei hatten wir Respekt. Am nächsten Tag verbot Vater uns strengstens, jemals dieses Fenster ohne seine Erlaubnis zu öffnen. Irgendjemand musste uns verpetzt haben.

Bei dem Vorfall mit der Schlossauffahrt waren wir älter, fast schon Jugendliche. Die Auffahrt war vor sehr langer Zeit für die Pferdekutschen des Fürsten und seines Gefolges angelegt worden. Davon hatte Vater uns in vielen ausschweifenden Geschichten erzählt. Er war ein guter Erzähler und mit einer reichen Fantasie ausgestattet. Auch ein Hofnarr kam in diesen Geschichten vor, klein und verwachsen. Ob der allerdings auch mal in einer dieser Kutschen gesessen hat, wusste Vater nicht. Jedenfalls ging es ziemlich steil bergauf und war nicht ganz unbeschwerlich. Diese ehemalige Straße, die jetzt vorwiegend von Museums- und Schlossparkbesuchern genutzt wurde, war auf beiden Seiten von einer erwachsenenbrusthohen Mauer eingefasst. Auf der einen Seite stieg die angrenzende Grünanlage gemeinsam mit der Mauer nach oben. Hier sah man häufig Kinder entlangbalancieren. Petra und ich versuchten es auf der anderen Seite, dort, wo unten die Straße entlangführte, die sich mit jedem unserer Schritte weiter entfernte. Eine Kollegin von Mutter holte uns eigenhändig herunter. Wir waren sauer über ihre überängstliche Einmischung und noch saurer darüber, dass sie Mutter später alles haarklein berichtete.

„Von dieser Dachgeschichte habe ich dir tatsächlich nie erzählt?", riss mich Elisabeth aus meinen Gedanken.

„Nein, zum Glück nicht. Ich glaube, manchmal ist es wohl ganz gut, wenn Eltern nicht alles wissen", antwortete ich. „Inzwischen sind sie zum Glück groß und vernünftig", setzte ich hinzu und hoffte, damit Recht zu haben.

Irgendwann hatten ja auch Petras und meine Mutproben aufgehört. Und irgendwann hatte bei mir die Höhenangst eingesetzt. Ich weiß nicht, wann diese Veränderung eintrat. Jedenfalls wird mich garantiert niemand mehr auf ungesicherten Höhen antreffen. Aber vielleicht habe ich ja meine einstige Waghalsigkeit an meinen Sohn vererbt? Doch diesen Gedanken schiebe ich – vor allem in Hinblick auf meine Enkel – lieber ganz schnell beiseite.

Der Tag, an dem die Zöpfe fielen

Anna war vierzehn und hatte gerade ihre Lebensfreude verloren. Wie ein Mantel war sie ihr von den Schultern geglitten. Irritiert fragte sie sich, warum die Welt plötzlich so schwer zu ertragen war. Was waren das für seltsame Kräfte, die ihr auf einmal die Augen öffneten, die sie erkennen ließen, dass Freundlichkeit geheuchelt war, Versprechen nichts galten, kurz: dass man sich auf andere nicht verlassen konnte? Anna verstand nicht, was mit ihr geschah. Niemand hatte sie auf die Zeit des Erwachsenwerdens vorbereitet. Der Theaterfotograf, der ihr beim Abholen der Künstlerfotos von der letzten Premiere zärtlich auf die Wange geküsst hatte und in den sie seitdem verliebt war, tat dies angeblich bei jedem gutaussehenden Mädchen. „Das ist ein richtiger Don Juan", hatte sie tuscheln gehört und sich lange und vergeblich dagegen gesträubt, den Tuschlern zu glauben. Trotz der Enttäuschung hatte sie dann auch von der neuen Opernaufführung wieder Fotos bestellt, hauptsächlich um einen Vorwand für ein weiteres Treffen zu haben.

Nur wenn sie im Theater war, fühlte Anna sich lebendig. Seit sie als Statistin in einer Inszenierung mitgewirkt hatte, war sie zum totalen Theaterfan geworden. Inzwischen sang sie als jüngste Sängerin im Extrachor mit, war festes Mitglied des Komparsen-Ensembles und besuchte regelmäßig den Theaterclub. Die dunkle Gemütlichkeit der Räume, der Geruch nach altem Stoff, staubigen Kulissen und Mastix, die Musik, die aus allen Ecken drang, die verwirrenden Gänge und Treppen, der Bühnenbereich mit seinen geheimnisvollen Winkeln und vor allem das fröhliche, ungezwungene Verhalten der Theaterleute gefielen ihr. Hier wurde sie stets freundlich angelächelt und bei jeder kleinsten Gelegenheit umarmt. Hier fühlte sie sich beachtet. Darum wollte sie auch ihre Haare dem Theater schenken. Eine Künstlerperücke sollte daraus gefertigt werden. Die Mutter war von der Idee begeistert und vereinbarte umgehend einen Termin mit der Maskenbildnerin. Konnte sie doch auf diese Weise die Frisörkosten sparen.

Anna freute sich darauf, die Zöpfe loszuwerden. Bei der Jugendweihe vor ein paar Tagen war sie die Einzige gewesen, die noch solch eine altmodische Frisur trug. „Wie nett du aussiehst", versicherten ihr die Mütter der Klassenkameradinnen, doch diese selbst schüttelten ihre dauergewellten Köpfe: „Ach Mensch, du Arme."

Endlich war es soweit. Endlich sollten die Zöpfe fallen. Gemeinsam mit ihrer Mutter stieg Anna die schmale Treppe bis in die vierte Etage des Bühnenhauses hinauf, wo sich die Räume der Maske befanden. Dabei hoffte sie heimlich, dem Fotografen zu begegnen.

„Sie kommen sehr spät. Ich wollte gerade gehen. Gut, dass ich doch noch gewartet habe", begrüßte sie die Maskenbildnerin, die Anna bereits durch ihre Mitwirkung als Komparsin kannte und die jetzt eine ziemlich große Schere in der Hand hielt. Sofort stieß die Mutter jenen Grunzton aus, der gewöhnlich ihren Schimpftiraden vorausging.

„Ich habe meine Zeit schließlich auch nicht im Lotto gewonnen", fuhr sie die Frau an. „Wollen Sie nun ihre Haare haben oder nicht?!"

Es war Anna peinlich. Die Frau hatte recht. Sie *waren* zu spät. „Lass doch", flüsterte sie ihrer Mutter zu.

Auf einem der Drehstühle vor den Tischen an der Spiegelwand sollte Anna Platz nehmen. Sie wendete den Kopf nach rechts und nach links, um ihre Zöpfe ein letztes Mal zu betrachten, und fühlte sich sehr wichtig. Hier wurden die Schauspieler,

Sänger und Tänzer für ihre Bühnenauftritte geschminkt. Und einer von ihnen würde eines Tages vor diesem Spiegel eine Perücke aus ihrem Haar aufgesetzt bekommen. Doch bevor sich das Mädchen in Träumereien verlieren konnte, setzte die Maskenbildnerin die Schere an. So, wie die Zöpfe vom Kopf herabbaumelten, wurden sie abgeschnitten. Einmal rechts. Einmal links. Nie wird Anna das Geräusch vergessen. Die Zopfstummel lösten sich auf; ein paar flüchtige Schnitte begradigten notdürftig die neue Haarkante.

Ein Gefühl von Haltlosigkeit und Leere breitete sich auf Annas Kopf aus. Damit hatte sie nicht gerechnet. Seit über zehn Jahren waren ihre Haare immer geflochten gewesen. Tag und Nacht. Waren nur morgens von der Mutter für kurze Zeit gelöst worden, um neu geordnet zu werden.

„Ich bekomme fünf Mark", sagte die Mutter.

„Das war nicht ausgemacht", antwortete die Maskenbildnerin, die noch immer die Schere in der Hand hielt.

Als ihre Mutter wieder diesen Grunzton von sich gab, wusste Anna, dass die Situation eskalieren würde. Sie schloss die Augen, als ihre Haare von zwei Paar Füßen hin und her geschubst wurden. Sie stellte sich taub gegen das Gezeter der Mutter und die immer heftiger werdenden Erwiderungen der Maskenbildnerin.

„So eine Zicke!", schimpfte die Mutter, nachdem sie die Tür hinter ihnen zugeknallt hatte.

„Zu mir ist sie immer sehr nett", erwiderte Anna.

„Fall mir nicht in den Rücken!", wurde nun die Tochter angefaucht.

Da beschloss Anna, die sich schon so oft über die ständige Streitlust der Mutter geärgert hatte, niemals wie diese zu werden. Warum sie es ausgerechnet in diesem Moment beschloss, warum ausgerechnet dieser Streit das Fass zum Überlaufen brachte, konnte sie später nie sagen. Vielleicht, weil es im Theater war, an dem Ort, wo sie sich trotz verlorener Lebensfreude wohlfühlte, dort, wo sie weiterhin gemocht werden wollte. Es *muss* doch möglich sein, sich mit anderen Menschen zu vertragen, dachte sie. (Mit *allen* Menschen, dachte sie sogar zuerst, aber das korrigierte sie später.) Muss man sich denn immer gleich anschreien? Kann man nicht in Ruhe miteinander reden? Kann man nicht einfach auch mal nachgeben?

Abends, endlich allein und endlich in die kuschelige Bettdecke und die allgemeine Dunkelheit gehüllt, griff Anna fest mit beiden Händen in ihre Haare und zerrte sie zu einem Knäuel zusammen. Noch einmal wollte sie die vertraute Straffheit spüren. Dann zog sie die Decke über den Kopf und weinte sich in den Schlaf. Obwohl die Zöpfe eine Last gewesen waren, trauerte Anna ihnen nach.

Am nächsten Tag bekam sie, die in ihrem ganzen Leben noch nie einen Spitznamen gehabt hatte, gleich zwei: Börge, nach dem Jungen aus der Olsenbande, und Winnetou. Diese Namen waren witzig und nett gemeint, denn Anna war bei den Klassenkameraden beliebt. Trotzdem entging ihr der leicht spöttische Unterton nicht, merkte sie doch selbst, wie ungeordnet ihr die Fransen vom Kopf fielen, denn sie hatte nie gelernt, ihre Haare zu einer Frisur zu formen. Andererseits war sie erleichtert und froh darüber, nicht mehr als Einzige der Klasse Zöpfe tragen zu müssen und das überwog.

Dieses Gefühl von Unordnung und Haltlosigkeit auf dem Kopf hielt sich noch eine ganze Weile. Länger als die beiden Spitznamen. Schon nach wenigen Wochen bekam sie ihren normalen Vornamen zurück. Wahrscheinlich gibt es Menschen, die einfach nicht gemacht sind für Spitznamen.

Was jedoch sehr lange anhielt, was sie tatsächlich nie wieder verließ, war der Wunsch, niemals so streitsüchtig wie ihre Mutter zu werden. Und das war gar nicht so einfach. Oft zog Anna bei Auseinandersetzungen den Kürzeren. Sie musste lernen, sich friedlich gegen Feindseligkeiten durchzusetzen und war verzweifelt, wenn alles Reden wieder einmal nichts half. Oft wurde sie verspottet, wenn sie sich nicht zu wehren wusste. Sie stellte fest, dass streitbereite Menschen regelrecht in Raserei geraten können, wenn der Gegenpart ruhig bleibt. Doch all das löste eher Traurigkeit als Wut in ihr aus und brachte sie nicht von ihrem Vorsatz ab.

Noch heute passiert es manchmal, dass jemand wütend zu ihr sagt: „Man kann sich überhaupt nicht mit dir streiten! Streiten gehört doch zum Leben!" Dann lächelt sie still in sich hinein und ist froh, dass sie es geschafft hat, nicht wie ihre Mutter zu werden.

Ihre Haare hat sie nie wieder zusammengebunden, weder zu einem Pferdeschwanz noch zu einem französischen oder sonst was für einen Zopf. Sie liebt dieses lockere Gefühl auf dem Kopf.

Original von Hand geschrieben

Es war die Einsamkeit, die ihn an diesem Sonntag auf den Flohmarkt trieb. Diese verdammte Einsamkeit, die ihm immer mehr zusetzt, je älter er wird.

Wie sehr hat er früher seine Ruhe geliebt, hat sich nie am Alleinsein gestört. Natürlich bringt er sich ein ins Dorfleben. Seit Jahren singt er im Chor, engagiert sich beim Heimatverein, lässt sich auf jedem Dorffest sehen. Nach einer Weile Geselligkeit hat er es jedoch schon immer genossen, sich wieder in seine menschenleere Wohnung zurückziehen zu können, wo er in aller Ausführlichkeit seinen anderen Hobbies frönte, dem Musikhören, dem Lesen und Zeichnen, jenen schönen Dingen eben, für die man lieber allein ist. Auch gegen eine eigene Familie hatte er sich bewusst entschieden. Sein Freundeskreis und die eine oder andere Affäre reichten ihm völlig. Nichts von Dauer. Keine lästigen Pflichten.

Doch seit einiger Zeit hält er die Stille in seiner Wohnung immer schlechter aus. Dann zieht es ihn ins lärmende Leben, dorthin, wo er Menschen trifft – Menschen, die nichts von ihm wollen, die einfach nur um ihn sind. Den direkten Kontakt von längerer Dauer scheut er nach wie vor. Da hat sich nichts geändert. Darum ist der Flohmarkt genau der richtige Ort für ihn. Hier ist er nicht allein. Hier wird verhandelt, gelacht, diskutiert, auch mal gestritten oder geschubst. Man redet miteinander, aber die Worte bleiben an der Oberfläche, das Gesagte ist flüchtig. Es gibt keine verfänglichen Fragen. Man interessiert sich nicht wirklich füreinander. Keine Verpflichtungen und trotzdem kein Alleinsein.

Ausführlich schaut er sich die Auslagen an. Flohmärkte erinnern ihn immer an Heimatmuseen – mit dem Unterschied, dass er hier die Gegenstände in die Hand nehmen darf. Mit halbem Ohr hört er den Anpreisungen der Hobbyhändler zu. Er kauft zwei CDs. Sonst möchte er nichts. Die Wohnung ist vollgekramt genug. Er will nur schlendern und schauen und hin und wieder ein Lächeln einfangen, ein freundliches Wort.

Am letzten Stand der Reihe bleibt er fasziniert stehen. Die gesamte Fläche des Tisches ist übersät mit Dingen, die allesamt aus der Wohnung seiner Großeltern stammen könnten. Alte Tischlampen, Vasen aus Kristall oder Porzellan, bronzene Kerzenständer, Geschirr und eine mechanische Kaffeemühle teilen sich den Platz mit vergilbten Fotos, Häkeldeckchen, Silberbesteck und einem Kaffeewärmer. Sogar einen von Grünspan befallenen Breischieber entdeckt er.

„Damit haben früher die kleinen Kinder ihr Essen auf den Löffel geschoben. Das ist sozusagen ein Baby-Messer", erklärt ihm die Händlerin.

„Ja, ich kenne das. Meine Großmutter hat mir beigebracht damit zu essen. Dabei waren die Dinger damals schon längst aus der Mode", erwidert er lachend.

„Schauen Sie sich ganz in Ruhe um", fordert ihn die Händlerin freundlich auf. „Wie wäre es zum Beispiel hiermit?" Sie zeigt auf einen uralten Werkzeugkasten. „Zwanzig Euro, fast geschenkt, weil Sie es sind. – Aber vielleicht interessieren Sie sich ja eher für altes Geschirr? Sammeltassen kommen gerade wieder in Mode. Sieben Euro das komplette Gedeck. Und diese Kaffeekanne, ist sie nicht wunderschön!? – Ich bin wirklich froh, dass meine Eltern nicht so schnell mit dem Wegwerfen waren. Heute nimmt man ja lieber diese hässlichen Thermoskannen. – Oder ein gerahmter weiser Spruch? Der ist echt von Hand geschrieben. Schauen Sie, wie sauber gearbeitet wurde. Das lernt heutzutage niemand mehr. Ja, früher gab es noch das Fach Schönschreiben." Sie streckt ihm einen wurmstichigen Bilderrahmen entgegen.

„Nein, danke", erwidert er. Die Frau beginnt ihn zu nerven. Er würde sich gern ohne ihre Kommentare umsehen. Er mag diesen alten Kram. Vielleicht findet er ja etwas für die Ausstellungsräume des Heimatvereins. Aber wenn ihm ständig neue Gegenstände unter die Nase gehalten werden, macht ihn das nervös. Er möchte selbst entscheiden, in welcher Reihenfolge und wie lange er die Dinge betrachtet. Einen Blick wirft er trotzdem auf das Bild. Er möchte nicht unhöflich sein.

Hier wurde tatsächlich von Hand geschrieben. Wahrscheinlich mit Ausziehtusche. Oder mit normaler Tinte? Auf alle Fälle mit einer Feder und in Fraktur. Das ist gar nicht so leicht hinzubekommen. Als Kind hatte er Gedichte in dieser faszinierenden Schrift abgeschrieben. – Worum geht's hier eigentlich? Er beginnt zu lesen, stutzt. Das ist doch … Den Spruch kennt er. Genau die Worte hatten im Kinderzimmer über seinem Bett gehangen, hatten ihn allmorgendlich begrüßt, tagsüber Rätsel aufgegeben und abends in die Träume begleitet.

Eine Flut von Erinnerungen strömt auf ihn ein. „Das nehme ich", ruft er aufgeregt. Hektisch kramt er das Portemonnaie hervor. „Was bekommen Sie?"

Auf einer Parkbank, weit genug entfernt von der geschwätzigen Händlerin, liest er sich die Worte noch einmal in Ruhe durch.

„Immer, wenn du meinst,
es geht nicht mehr,
kommt von irgendwo
ein Lichtlein her;
dass du es noch einmal

wieder zwingst
und von Sonnenschein
und Freude singst,
leichter trägst
des Alltags harte Last
und du wieder Kraft und Mut
und Glauben hast."

So ein Bild hatten ihnen die Großeltern zu Weihnachten geschenkt. Allerdings hat er es größer in Erinnerung. Oder kommt es ihm nur so vor? Sind ihm nicht schon öfter Dinge aus der Kindheit im Erwachsenenleben viel kleiner erschienen? Die Schrift stimmt jedenfalls, auch der Anfangsbuchstabe, der über die Hälfte aller Zeilen reicht – und darunter die kleine Kerze. Plötzlich fällt ihm alles wieder ein. Der Vater schimpfte damals mächtig über den religiösen Quatsch, der ihm nicht an seine Wände kommen sollte, aber Mutter bat ihn, das Bild wenigstens im Kinderzimmer aufhängen zu dürfen. Es sei doch schließlich ein Geschenk ihrer Eltern.

Was hat ihm dieses Licht damals für Respekt eingeflößt, das Lichtlein, das einfach von irgendwo herkam. – Ein breites Lächeln legt sich bei der Erinnerung auf sein Gesicht. – Immer, wenn vor dem Kinderzimmerfenster ein Auto vorbeifuhr, wanderte das Scheinwerferlicht, das durch den schmalen Spalt zwischen beiden Gardinenhälften drang, als greller Strich die Wand hinauf, direkt am Bilderrahmen vorbei, überquerte die Zimmerdecke und verschwand hinter dem Bett. Manchmal bekam er Angst, dass es gleich zu brennen anfangen würde. Das war natürlich Quatsch, denn später ist ja von Sonnenschein und Freude die Rede. Viele Stellen des Textes verstand er als kleiner Junge nicht und um eine Erklärung zu bitten, wagte er nicht. Er suchte sich seine Antworten lieber allein. Das war leichter, auch weil sein Vater ihn gern für seine Unwissenheit verspottete und seine Mutter oft keine Zeit für lange Erklärungen hatte. Er wollte kein dummer, nerviger Sohn sein. Nur den Schluss verstand er. „Ein Junge muss mutig und stark sein", war die Devise, und natürlich musste man den Eltern immer glauben.

Obwohl er die Worte damals kaum begriff, liebte er das Bild, weil er alles liebte, was von den Großeltern kam. Wenn die Eltern abends im Nebenzimmer stritten, und das taten sie immer häufiger, je älter er wurde, schaute er zum Bild hinauf und dachte an die beiden Alten, die so winzig waren, dass er sie bereits mit elf Jahren überragte, die stets friedlich miteinander umgingen und bei denen er sich so wohlfühlte.

Wo war der alte Spruch eigentlich hingekommen? War er bei einem der Umzüge verloren gegangen? Hatte der Vater ihn doch irgendwann heimlich entsorgt? Wieso überhaupt hatte er ihn vergessen können?

Er hat das Bild gekauft, weil es ihn an die Großeltern erinnert. Erst heute erkennt er, wie gut der Spruch ist, so voller Hoffnung und Zuversicht. Mit der Erfahrung des Erwachsenen bekommen die Worte eine völlig neue Bedeutung. – Was wird die Großeltern damals zu ihrem Geschenk bewogen haben? „Es gibt immer eine Lösung", war einer der typischen Großmuttersätze. – Er wird den Spruch nachher gleich über sein Bett hängen. So wie früher. – Jedenfalls sitzt er, das Kind von damals, nun hier und bemerkt, dass ihm immer noch dieses alberne Lächeln im Gesicht hängt. Er bekommt große Lust, ein paar seiner Chorfreunde heute Abend auf ein Bier einzuladen. Vielleicht können sie sich ja gemeinsam die neuen CDs anhören.

Steffan, mit zwei F in der Mitte

Auch an dem Tag, als ich ihn darum bat, einen Teil der Fliederhecke auszugraben, die inzwischen fast ein Drittel meines Gartens einnahm, staunte ich wieder, wie gut Steffan arbeiten kann. Dabei hatte er bereits sein zweites Bier intus. Mehr als vier würden es aber nicht werden. Das wusste ich. Es war mitten in der Woche und er hatte seine Grundsätze. Nur an den Wochenenden trank er mehr. Und an Feiertagen.

Meine Freundin Annegret hatte mich mit ihm bekannt gemacht. „Solltest du mal jemanden für körperlich schwere Arbeit brauchen, kann ich dir Steffan empfehlen. Der ist echt arbeitswillig und froh über jede Möglichkeit, sich nebenbei ein paar Euro zu verdienen", bot sie an, als ich ihr im Frühjahr von der Fehlkonstruktion unserer Hauseingangstreppe, die wir abreißen wollten, erzählte. „Ich bin heilfroh, wenn ich ihn mal für ein paar Stunden los bin. Er ist ja wirklich ein Lieber, aber er steht mir ständig im Weg herum und redet ohne Punkt und Komma", fügte sie flüsternd hinzu, denn man wusste nie so genau, wo er gerade steckte.

Damals wohnte er seit einem halben Jahr bei Annegret und ihrer Familie. Sie haben ein riesiges Grundstück und kein Problem damit gehabt, als er plötzlich mit seinem rostigen Wohnmobil vor ihrem Gartentor stand und fragte, ob er für ein Weilchen bei ihnen unterkommen könne. „Ich bräuchte nur ein kleines Stellplätzchen für meinen Oskar", hatte er gesagt und stolz auf seine kürzlich erworbene Behausung gezeigt. „Ansonsten mache ich mich ganz unsichtbar. Nur wenn ihr Hilfe braucht, komme ich zum Vorschein." Dass er sich schon wenig später im ganzen Haus breitmachen würde, konnte wirklich keiner ahnen.

„Hi! Ich bin der Steffan – Steffan mit zwei F in der Mitte. Kannst gern Steffi zu mir sagen", begrüßte er mich bei unserer ersten Begegnung mit weit vorgestreckter Hand, die er zuvor gründlich an seinem Hosenbein gesäubert hatte. „Angenehm", fuhr er breit grinsend fort, bevor ich irgendetwas erwidern konnte, und verbeugte sich theatralisch. Selbstverständlich würde er uns mit der Treppe helfen. Zeit habe er ja mehr als genug. „Aber ein klitzekleines Finanzspritzlein wäre nicht von Übel", forderte er freiheraus. Er war mir auf Anhieb sympathisch.

Der Abriss der Treppe war ein Kraftakt. Allein hätten wir es nie geschafft. Wasser war im Laufe der Jahre in die Fugen gekrochen und der winterliche Frost hatte den Beton förmlich auseinandergesprengt. Da ging nichts mehr zu reparieren. Ein Nachbar borgte uns seinen Presslufthammer, aber weder mein Mann, und ich schon gar nicht, waren mutig genug, ihn zu benutzen. Steffan machte es nichts aus.

Als hätte er in seinem ganzen Leben nie etwas anderes getan, zertrümmerte er fröhlich und schweißtriefend unsere Treppenfehlkonstruktion. Wenn der Hammer schwieg, redete Steffan, legte uns seine philosophischen Ideen dar, stellte Fragen zum Weltgeschehen und nach unserem Leben. Auch über sich selbst sprach er gern, wenngleich er über einige Abschnitte seines Lebens lieber schwieg und auch auf direkte Fragen nicht einging. Über seinen Vater zu reden, lehnte er grundsätzlich ab. Auch einen älteren Bruder erwähnte er nur einmal kurz. Von seiner Mutter, die er laut eigener Aussage jeden zweiten Tag anrief und die irgendwo in Thüringen lebte, sprach er in den wärmsten Tönen. Leider hätte sie in ihrer viel zu kleinen Wohnung keinen Platz für ihn. Steffan bedauerte zutiefst, nie eigene Kinder gezeugt zu haben. Er liebe diese kleinen Gören, gestand er. Aber nun, mit fast Fünfzig, habe es auch keinen Sinn mehr, welche in die Welt zu setzen. Außerdem brauche man dazu ja ein Mädel. „Allein macht sich das schlecht." Er lachte. Annegret hatte recht. Sein Mund stand wirklich selten still.

Wegen der Biere, die er zwischendurch trank und die so überhaupt nicht mit dem schwer zu handhabenden Presslufthammer zusammenpassten, hatte ich ein wenig Angst um ihn. Auch hatten die Zigaretten, die er in regelmäßigen Abständen rauchte, ein verdächtig süßliches Aroma. Aber er war erwachsen und für sich selbst verantwortlich. Trotzdem nahm ich mir vor, ihn in Zukunft nicht mehr mit schweren Maschinen arbeiten zu lassen. Es gab genug andere Dinge zu tun. Beschäftigen würde ich ihn auf alle Fälle wieder. Er konnte wirklich zupacken – und er brachte Abwechslung in unser Leben. Es machte Spaß, ihn zu bekochen. Er freute sich wie ein kleiner Junge über gutes Essen und konnte Unmengen verschlingen. Fleisch wollte er nie. „Nur, wenn ich gar nichts anderes bekomme", sagte er und hielt uns einen wortreichen Vortrag über Massentierhaltung, Gänsestopfmast, Rindertransporte und Schweineschlachtung ohne Betäubung.

Ich gewann ihn richtig lieb, nicht als Mann – solche Gedanken kamen mir tatsächlich niemals –, sondern einfach als Mensch. Es war eher so ein Liebhaben, wie man es Kindern gegenüber kennt.

Für die Fliederhecke brauchte er nur einen Spaten. Da konnte kaum etwas passieren. Zum Glück entdeckte ich rechtzeitig seine löchrigen Sohlen und konnte ihn überreden, die Arbeitsschuhe meines Mannes anzuziehen.

Diesmal rauchte er kaum. Auch redete er viel weniger. Stattdessen schrieb er alle naslang etwas auf ein zerknittertes Blatt Papier. Manchmal hielt er mitten im Spatenstich inne, um den Stift hinterm Ohr und den Zettel aus der Hosentasche hervorzuziehen und sich Notizen zu machen. Beim Schreiben lief er hin und her. Es war erstaunlich, wie gut er trotz der vielen Unterbrechungen mit der Arbeit vorankam.

„Was um alles in der Welt schreibst du denn da die ganze Zeit?", fragte ich ihn schließlich. „Schreibst wohl deine Geschichte auf?" Ich traute ihm das durchaus zu. Er konnte sich gut ausdrücken, erzählte gern und hatte einiges erlebt. Erst kürzlich hatte ich erfahren, dass er vor seinem Einzug bei Annegret sieben Jahre lang auf Trebe gewesen war. Ich googelte heimlich nach dem Wort, denn ich hatte noch nie persönlich einen Obdachlosen gekannt und war mir nicht sicher, ob ich ihn richtig verstanden hatte.

„Nein, das ist ein Antrag auf Entschädigung für Heimkinder. Mein dritter Versuch. Zweimal ist er schon abgelehnt worden. Aber ein Steffan mit zwei F in der Mitte gibt so schnell nicht auf", antwortete er freudestrahlend. „Es steht mir zu. Willst du mal lesen, ob das so gut formuliert ist?"

„Du warst im Kinderheim?", fragte ich entsetzt. „Und deine Mutter hat das zugelassen?"

„Die war halt mit mir überfordert. Ich war in der Tat ein recht schwieriges Kind", sagte er und lachte. Dann berichtete er von jahrelangen Heim- und Psychiatrieaufenthalten und wie es dazu gekommen war. „Ich wollte immer Kleider tragen und habe mir die Fingernägel lackiert. Damit kamen die nicht klar. Nicht zu Hause und nicht in der Schule." Mit voller Wucht stieß er den Spaten in das Fliederwurzelgewirr. „Hinzu kam, dass ich einfach nicht stillsitzen konnte. Aber das Schlimmste war, dass ich immer behauptete, Steffi zu heißen. Ich war halt ganz schön schwer erziehbar. Aber die Psychopharmaka haben mich kaputtgemacht. Dafür will ich Wiedergutmachung. – Hier, lies mal, ob das so geht." Er reichte mir den Zettel.

Dann zog er sich kurzerhand einen Gartenstuhl heran, stieg darauf und sprang auf den Spaten. Spätestens jetzt war ich sehr froh, dass ich ihm die Arbeitsschuhe meines Mannes aufgedrängt hatte. „Diese verdammte Wurzel muss doch kaputt zu kriegen sein!", rief er fröhlich.

Ich las:

„Sehr verehrte Damen und Herren,
zum wiederholten Male trete ich an Sie heran mit der
Bitte um Wiedergutmachung. Gern möchte ich Ihnen
erneut die Gründe meines Antrages schildern …"

Es war ein trauriger Brief, die Situation ausführlich und gut formuliert – und völlig ohne Rechtschreibfehler.

„Mein Gott, kannst du dich schön ausdrücken", sagte ich voll Bewunderung.

„Ein wenig gestelzt klingt es schon, stimmt's? Soll aber so sein. Ist Beamtendeutsch. Besser gesagt: Bildungsbürgersprache." Er lachte. „Bildungsbürgersprache, hihihi. Das Wort gibt es wirklich. Ist das nicht witzig?"

„Du wurdest ein paar Jahre zu früh geboren", sagte ich. „Heute hättest du es leichter." Doch er ging auf meine Worte nicht ein. Leicht wäre es wahrscheinlich auch heute nicht, dachte ich. Zumindest würde man ihn nicht gleich mit Pillen vollstopfen. Aber sicher war ich mir nicht.

„Du solltest deine Erlebnisse aufschreiben", schlug ich ihm vor, doch er wollte nicht. „Dann erzähl mir alles. Ich werde dir zuhören und deine Geschichte verbreiten. Ich mache ein Buch draus …"

„Nee, lass mal. Wen interessiert das schon. Ich möchte nur meine Entschädigung, denn die steht mir zu."

Das war das letzte Mal, dass ich Steffan sah. An seinem Geburtstag wollte ich ihn besuchen. Ich hatte ihm ein Paar Socken in seinen Lieblingsfarben Rot, Orange und Gelb gestrickt. Er, der so gut wie nie Geschenke bekam, sollte etwas ganz Persönliches, extra für ihn angefertigtes bekommen. Er habe neuerdings im Winter schnell kalte Füße, hatte er mir einmal erzählt. Ich legte eine Tafel Trauben-Nuss-Schokolade dazu – die aß er besonders gern – und packte alles in buntes Geschenkpapier. Ich war gespannt auf sein Gesicht und freute mich auf sein fröhliches Lachen.

„Der ist nicht mehr da. Drei Kreuze", stöhnte Annegret, als ich nach ihm fragte. „Es ging wirklich nicht mehr. Ich war am Durchdrehen, habe mich nur noch mit meinem Mann gestritten und die Kinder angebrüllt. Ständig ging etwas kaputt. Er musste sich aber auch immer wieder auf die Stühle der Kinder setzen. Die sind doch nicht gemacht für ausgewachsene Männer. Er hat gekippelt, bis die Beine abgebrochen sind. Ständig ist ihm etwas heruntergefallen, weil er alles antatschen musste. Es tat ihm hinterher leid und meistens hat er dann auch den Schaden repariert. Trotzdem … Nichts als Dummheiten hat er den Kindern beigebracht. Hat mit ihnen Streiche ausgeheckt, als wäre er selbst noch ein Kind. Die haben ihn natürlich geliebt dafür. Und dann dieses unaufhörliche Reden. Und das Kiffen und Trinken vor den Kindern. Sowas geht doch einfach nicht! Und überall lagen seine Sachen herum … Ich habe wirklich eine große Toleranzschwelle, aber als er auch noch nach dem Duschen mein Badetuch benutzte …"

„Und wo wohnt er jetzt?", fiel ich Annegret ins Wort. Ich konnte meine Freundin verstehen, aber traurig war ich trotzdem. Vielleicht könnte ich ihn ja wenigstens besuchen und ihm das Geschenk bringen.

„Er ist zu seiner Mutter nach Thüringen gezogen. Die wird demnächst Achtzig und soll wohl nicht mehr so gut allein zurechtkommen – Parkinson, wenn ich den Steffan richtig verstanden habe. Jedenfalls scheint sie ganz froh zu sein, dass sie nun nicht mehr allein leben muss. Und er hat auch langsam genug vom Vagabundenleben. Aber ob der überhaupt noch sesshaft werden kann … Ich habe ihn persönlich zur Bahn gebracht. Damit ich sehe, dass er auch wirklich abfährt." Sie lachte genervt. „Viel Gepäck hatte er ja nicht. – Danach haben wir gegrillt, ganz allein in unserm ruhigen Garten. Nur die Kinder, mein Mann und ich."

Das Wohnmobil blieb auf dem Grundstück. Es ließ sich nicht mehr von der Stelle bewegen. Der Motor hatte seinen Geist aufgegeben. Annegrets Mann will ein Gartenhaus für die Kinder daraus bauen. Mir wäre es lieber, wenn der rostige Oskar nicht mehr dort im Garten stünde. Sein Anblick macht mich jedes Mal traurig.

Ich würde ihn gern einmal wiedersehen, den Steffan mit zwei F in der Mitte. Ich könnte Verbindung mit ihm aufnehmen, denn ich habe ja noch seine Handynummer. Auch wäre es für mich ein Leichtes, ihn in seinem Heimatdorf in Thüringen zu besuchen. Die Zeit hätte ich. Doch ich befürchte, er hat mich längst vergessen. Aber vielleicht … Wenn ich einmal sowieso in der Nähe bin …

Das dicke Mädchen

Auf das dicke Mädchen werde ich aufmerksam, weil es mich freundlich und für diesen Ort ungewöhnlich laut grüßt.

Auf der Suche nach meinem nächsten Therapieraum irre ich durch einen der vielen Klinik-Gänge, der wie die meisten der größeren und kleineren, breiteren und schmaleren Gänge zu beiden Seiten von Stühlen, Rollatoren und Fahrstühlen nebst Patienten gesäumt ist. Ich laufe bewusst langsam, denn zum einen verbiete ich mir, fröhlich und beschwingt zu wirken bei all dem Elend, das hier zu sehen ist. (Fast schäme ich mich, so relativ gesund zu sein. Ob hier jemand weiß, dass ich freiwillig hier bin? Dass ich lediglich eine mir altersmäßig zustehende Kur angetreten habe?) Zum anderen macht es mich wirklich traurig, von so vielen Kranken umgeben zu sein, ohne ihnen helfen zu können. Ich bin erst seit zwei Tagen hier und habe mich noch keineswegs eingewöhnt. Mürrische, apathische, sichtlich leidende, teilweise aber auch vorsichtig lächelnde Blicke starren mich an oder weichen mir aus. Mittendrin das dicke Mädchen. Ich glaube, man soll das nicht sagen. Auszusprechen, dass jemand dick sei, ist diskriminierend. Politisch unkorrekt. Ausgrenzend. Aber es ist eben genau diese Körperfülle, die sie von den anderen hier unterscheidet. Sie und ihre laute, überbordende Freundlichkeit. Sie trägt ein kurzes buntes Fransenkleid, welches ihre Figur noch betont, aber gut zu ihr passt, sie einzigartig macht. Sie hat ein wunderschönes Gesicht. Irritiert bleibe ich stehen, schaue sie an und grüße zurück.

In den nächsten Tagen begegne ich ihr häufig. Ich weiß nicht, wie sie heißt. Aber um nicht immer „das dicke Mädchen" zu denken, habe ich mir einen Namen für sie ausgedacht. In meinen Gedanken nenne ich sie Edeltraut. Ich finde, das passt zu ihr. Ihr buntes Kleid leuchtet mir von weitem entgegen. Sie hat mehrere davon, alle ähneln sich. An kühleren Tagen trägt sie Leggins darunter. Immer lächelt sie. Immer grüßt sie. Jede und Jeden. Ich beobachte sie im Speisesaal. Mit einer liebenswerten Unaufdringlichkeit hilft sie, wo sie kann. Sie befreit die Rollstuhlfahrerin, die sich zwischen Stühlen verkeilt hat, und schiebt sie zu ihrem Tisch. Am Frühstücksbuffet reicht sie ihren Mitpatienten Wurst und Butter und besorgt fehlende Getränke. Als dem halbseitig Gelähmten ein paar Tische weiter das Messer zu Boden fällt, läuft sie hin und hebt es auf, obwohl auch ihr das Bücken schwerfällt.

Ich wünschte, sie säße an meinem Tisch. Aber hier kann man sich seinen Platz nicht aussuchen. Er wird jedem Neuankömmling am ersten Tag zugeteilt und darf nur gewechselt werden, wenn man einen seiner Tischpartner überhaupt nicht ertragen kann. Genauso hat es die einweisende Küchenmitarbeiterin formuliert.

Das dicke Mädchen sitzt vier Tische weiter. Ich würde sie gern kennenlernen, aber zwischen uns liegen Generationen. Wo soll ich ansetzen? Auch ist da etwas, das mich verunsichert, fast hemmt. Ist es diese leichte Distanziertheit, die trotz aller Freundlichkeit und Hilfsbereitschaft von ihr ausgeht?

Immer wieder schleicht sie sich in meine Gedanken. Was ist mit dir, schöne Edeltraut, denke ich. Warum bist du hier unter all den Kranken? Welches Leiden trägst du in dir? Was hat dich zu dem dicken Mädchen gemacht? Hat man dir zu oft gesagt, dass du brav sein sollst? Sei freundlich! Sei höflich! Hilf den anderen! Hast du darüber dich selbst verloren? Oder bist du etwa – so wie ich – aus freien Stücken hier, einfach nur, um dich vom Arbeitsalltag zu erholen? Aber dazu bist du viel zu jung. Gibt es doch eine medizinische Ursache?

Straffen Schrittes streift sie durchs Gelände, umrundet das Klinikgebäude, durchquert den angrenzenden Park. Auch im Ort habe ich sie schon entdeckt. Auf den bereitgestellten Sportgeräten sehe ich sie eifrig üben. Sie sucht, so gut sie kann, nach Bewegung.

Dann kommt der Tag ihrer Abreise. Bald weiß es jeder in der Klinik, denn auf ihr freundliches „Guten Morgen" folgt nun stetig: „Ich fahre heute nach Hause".

Sie hat sich richtig in Schale geschmissen, trägt ein dunkelrotes Kleid mit einem Seidenschal darüber, hat die Turnschuhe gegen Sandalen eingetauscht, die Haare zum Zopf geflochten und strahlt über ihr ganzes wunderschönes Gesicht.

„Ich darf heute endlich nach Hause", sagt sie auch zu mir. Und dann kommt es doch noch zu einem kleinen Gespräch zwischen uns.

„Ach, wie schön für dich", erwidere ich und frage: „Wie lange warst du denn hier?"

„Fünf Wochen." Sie seufzt. „Aber es hat geholfen."

Jetzt hätte ich erfahren können, was sie in diese Klinik mit den ausschließlich älteren Patienten geführt hat. Aber da ist sie wieder, die seltsame Hemmung, die mich daran hindert, ihr weitere Fragen zu stellen. Stattdessen erkundige ich mich, wie sie denn nach Hause kommt.

„Mein Papa holt mich gleich ab."

„Na, dann alles Gute für dich!", sage ich.

Liebe Edeltraut, oder wie auch immer du in Wahrheit heißen magst, ich wünsche dir alle Gesundheit dieser Welt, denke ich und schaue ihr hinterher, wie sie aufrecht und doch mit hängenden Schultern das Klinikgelände verlässt.

Mein Sohn – ein Punk

Schweres Eisenkettenschloss am Hals schreit:
Ich fühl mich gefangen in diesem System.
Verschont mich mit Regeln,
die ich nicht versteh!
Lasst mich der sein, der ich bin!
Stachelbänder an den Armen
flehen: Habt Erbarmen!
Nehmt mich wie ich bin!
Springerstiefel,
schwarzgeschnürt,
wollen nicht treten,
nur sagen:
Lasst mich in Ruhe,
ich tue euch nichts.

Vielversprechend einst,
hast es mir leicht gemacht,
die Welt angelacht
mit klugem, verstehendem Blick.
Wie ein Schwamm sogst du auf alles Wissen,
warst hingerissen von der Natur.
Löchertest mich mit Fragen:
Warum muss man wilde Tiere jagen?
Woran erkennt man die Marderspur?
Warum ist die Sonne ein Feuerball?
Wie war das mit dem Mauerfall?
Warum gibt es Kriege überall?
Warum wird der Bettler ausgelacht?
Warum wird die Umwelt kaputt gemacht?

Du warst sieben.
Die Schule hat's dir ausgetrieben …
Unverständnis
Langeweile
Klassenkasper
Klassenkeile
Umweltmüll nach Haus gebracht
Träumereien
ausgelacht
Psychologen
Therapie
Schlecht erzogen?
Ein Genie?
Ritalin
Amphetamin
nichts half von der Medizin
Schulversagen
Depression …
Verzeih, mein Sohn!

Wirf weg
das Schloss
die Stacheln
die Stiefel, hart und schwer!
Ich wünsche dir so sehr, dass du dich magst.
Nicht du, die Welt ist krank!
Anders bist du,
besonders,
gut.
Deinen Mut …
Ich hatte ihn nicht.

Halim

Es war an einem sehr heißen Sommertag. Renate hatte sich gerade in den erträglich kühlen Keller geflüchtet und war genervt, als es klingelte. Widerwillig stieg sie die Treppe wieder hinauf. Mit jeder Stufe wurde es heißer.

Ich habe doch gar nichts online bestellt, war ihr erster Gedanke, als sie den Mann im flirrenden Sonnenlicht stehen sah. Neuerdings brachten ja immer diese dunkelhaarigen, zwar sehr freundlichen, aber miserabel Deutsch sprechenden Männer ihre Bestellungen ins Haus. Doch dieser hier trug kein Paket unterm Arm.

„Guten Tag. Ich bin Halim. Ich suche ein Zimmer. Ich habe von einem Freund erfahren, dass Sie vermieten", trug er in fehler-, ja nahezu akzentfreiem Deutsch vor. Er hatte sehr leise gesprochen, sodass Renate während seiner kurzen Rede zu ihm an den Zaun gegangen war, um ihn besser zu verstehen.

In der Tat hatte sie vor einigen Wochen beschlossen, ein oder vielleicht sogar mehrere Zimmer ihres großen Hauses zu vermieten und diese Information in die Welt gestreut. Je älter sie wurde, desto mehr störte sie sich am Alleinsein. Auch wurde alles teurer. Lange würde sie sich diesen üppigen Wohnraum bei ihrem geringen Einkommen nicht mehr leisten können. Aber ein Ausländer? Noch dazu ein Araber? Hier im Dorf? Damit hatte sie nicht gerechnet. Was würden die Nachbarn denken? Wiederum wirkte der Mann sympathisch, eher schüchtern. Irgendwie sieht er traurig aus, dachte sie. Er war der Erste, der Interesse an ihrem Zimmer bekundete.

Das alles ging ihr durch den Kopf, bevor sie Halim bat, erst einmal ins Haus zu kommen. In der Küche könnten sie alles in Ruhe bereden.

Er bräuchte das Zimmer nur ganz selten, so zwei-, dreimal im Monat für wenige Stunden, oder mal für eine Nacht. Er habe seine Berliner Wohnung einem Freund überlassen, der mit seiner Familie aus der Heimat nach Deutschland geflohen sei und noch keinen eigenen Wohnraum habe. Er selbst sei nach über zehn Jahren wieder zu seinen Eltern gezogen, aber die seien sehr krank und er käme dort nicht zur Ruhe. Ob er seine Tasche schon hierlassen könne? Nein, bitte nicht in den Keller, lieber hier im Wohnzimmer. Sie sei zu schwer, um sie erst nach unten und dann wieder nach oben zu tragen. Die erste Miete würde er gern sofort bezahlen.

Was soll's, dachte Renate, man darf sich sein Leben nicht durch Angst und Misstrauen vermiesen lassen. Mit dieser Einstellung war sie bisher gut durch die Jahre gekommen. Und was die anderen über sie denken, interessierte sie sowieso immer weniger, je älter sie wurde. Sie wurden sich einig.

Erst als Halim gegangen war, erfasste sie plötzlich eine seltsame Furcht. Sie starrte auf seine Tasche und ihre ganze Vertrauensseligkeit brach zusammen. Was war das da für ein seltsames Gepäckstück? Warum war es so schwer? Und warum sollte es unbedingt hier im Wohnzimmer stehen? Renate wollte die Gedanken nicht zulassen, die sich in ihr Hirn schoben und dramatische Bilder entstehen ließen. Dann tat sie etwas, was sie später bereute. Sie ging zur Tasche, zog vorsichtig den Reißverschluss auf und spähte hinein. Ihr Herz klopfte wie wild. Was zum Vorschein kam, brachte zwar für kurze Zeit Erleichterung, wurde jedoch sogleich von einer großen Scham abgelöst. Ein Laptop, zwei Stereoboxen, ein Bügeleisen, Wechselwäsche und ein Paar warme Hausschuhe kamen zum Vorschein. Völlig harmlose Gegenstände. Er, der mich überhaupt nicht kennt, vertraut mir seinen Laptop an, dachte sie betreten.

Natürlich blieb die Tatsache, dass sie nun nicht mehr allein in ihrem Haus lebte, nicht lange unbemerkt. Das Dorf war klein, seine Bewohner neugierig und schnell gelangweilt.

„Ich habe gesehen, dass bei dir ein Türke ein und aus geht", sprach sie eine Nachbarin an.

„Halim ist kein Türke. Er stammt aus Syrien und wird für eine Weile bei mir wohnen", antwortete Renate so gleichgültig wie möglich.

„Oh, hast du denn gar keine Angst … so ganz allein mit einem Fremden im Haus? Die sind doch ständig auf Sex aus. Mussten ja auch alle ihre Frauen zu Hause lassen. Kein Wunder, dass die verrohen."

„Ich bitte dich. Er könnte fast mein Enkel sein. Was soll der denn mit mir Ollen anfangen", lachte Renate.

„Du wirst sehen, der steht bald mit seiner gesamten Sippe vor deiner Tür." Bei dieser Bemerkung konnte sie schon nicht mehr lachen. Sie mochte diese Nachbarin noch nie besonders, aber jetzt wurde sie ihr von Minute zu Minute unsympathischer. Renate versuchte, es sich nicht anmerken zu lassen, denn ihr war klar, dass sie beide hier noch viele Jahre gemeinsam in derselben Straße leben würden.

„Ich muss los. Mein Sohn wird gleich anrufen", log sie, damit sie wenigstens nicht mehr freundlich tun musste.

„Behandelt er dich wenigstens gut?", rief die Nachbarin ihr hinterher. „Mensch, Renate, du weißt doch, wie die mit ihren Frauen umgehen. Pass bloß auf dich auf!"

Tatsächlich hatte Renate in den ersten Tagen ihres Zusammenlebens ein wenig Angst gehabt. Auch dafür schämte sie sich jetzt, denn Halim war immer höflich und geradezu übertrieben hilfsbereit. Selten war sie von einem Mann so respektvoll behandelt worden. Lag es an ihrem Alter? War sie für ihn so etwas wie eine Mutter? Die Syrer verehren ihre Mütter fast wie Heilige, hatte sie gegoogelt.

„Möchtest du einen Kakao mit mir trinken?", fragte Halim, als sie sich eines Tages in der Küche begegneten.

Renate konnte sich nicht erinnern, wann sie das letzte Mal Kakao getrunken hatte. Als Kind? „Gern", sagte sie. Fasziniert schaute sie ihm zu, wie er sich gekonnt in ihrer Küche bewegte, Wasser aufsetzte, Tassen aus dem Schrank nahm, Kakaopulver einrührte und Milch hinzugab.

„Wie viele Löffel Zucker möchtest du?", fragte er und füllte sich selbst sechs gehäufte in die Tasse.

„Zwei, bitte", sagte sie. „Zwei reichen."

Jetzt wagte sie, ihm ein paar persönliche Fragen zu stellen. Sie hatte es bisher vermieden, um ihm nicht zu nahe zu treten – und auch weil sie gar nicht mehr wusste, was man Ausländer überhaupt fragen darf. Bereitwillig erzählte er von seinen kranken Eltern, die er nach seiner Arbeit bei der Reinigungsfirma pflegte, und von den sechs Geschwistern, die wie er aus der Heimat geflohen waren und nun über den ganzen Erdball verteilt lebten. Nur eine seiner Schwestern wohne auch in Berlin. Sie habe eine kleine Tochter. Als er von dem Mädchen erzählte, kam Leben in sein ernstes Gesicht. Er muss das Kind sehr gern haben, dachte Renate.

„Hast du Kinder?", fragte er. Auch wo ihr Ehemann sei, wollte er wissen. Sie erzählte von ihrem verstorbenen Mann, den Kindern, Enkeln und dem ersten Urenkel, der im Frühjahr geboren worden war.

„Ich bin schon zweiunddreißig Jahre alt und habe noch immer keine Frau", sagte Halim traurig. „Bei uns heiratet ein Mann mit zwanzig." Er hatte mit zwanzig fliehen müssen.

Er beklagte sich nicht. Seine Familie hatte überlebt, weil sie sich rechtzeitig in Sicherheit gebracht hatte. Über sein Land wollte er nicht reden, und Renate bohrte nicht nach.

Als sie ausgetrunken hatten, spülte Halim die Tassen aus, trocknete sie ab und stellte sie zurück in den Schrank. „Danke für das Gespräch. Danke für deine Zeit", sagte er.

Einmal brachte er eine Frau mit. „Ich bin da. Ich habe eine Freundin dabei", schickte er Renate per WhatsApp in die obere Etage. Er gab ihr immer auf diese Weise Bescheid, wenn er im Haus war. Renate freute sich für ihn. Hatte er endlich ein Mädchen gefunden? Verführerische Essensdüfte schwebten die Treppe hinauf. Kurz darauf klingelte ihr Handy. „Wir möchten dich zum Frühstück einladen", sagte er.

Die Frau an Renates Küchentisch war mindestens zwanzig Jahre älter als Halim und hatte sich fürchterlich aufgedonnert. Was mögen die beiden aneinander finden, fragte sich Renate enttäuscht.

Halim hatte Fladen gebacken. Er zeigte ihnen, wie sie zuerst mit Joghurt bestrichen, dann mit Hackfleisch und Gemüse gefüllt werden. Dazu gab es Frischkäsebällchen, Oliven und winzige eingelegte Auberginen. Renate, die gern ausgefallene Gerichte probierte, war begeistert. Die fremde Frau aß fast nichts. „Ich mag das nicht", flüsterte sie Renate zu.

Nach dem Frühstück räumte Halim die Küche auf. Dann gingen die Beiden in sein Zimmer, und Renate begab sich auf einen langen Spaziergang durchs Dorf.

Nach einem halben Jahr zog Halim wieder aus. Sein Freund hatte eine eigene Wohnung bekommen und Halim konnte in seine zurück. „Ich mache noch sauber", sagte er, bevor er ging. Als

Renate später das Zimmer für einen nächsten Mieter vorbereiten wollte, fand sie kein Stäubchen. Nicht einmal die Spur eines Geruchs hatte Halim hinterlassen. Es war, als hätte er nie hier bei ihr gelebt.

„Ist dein Araber ausgezogen? Ich habe ihn schon längere Zeit nicht mehr gesehen", fragte die Nachbarin.

„Ja, leider", sagte Renate und merkte jetzt erst, wie traurig sie darüber war.

Sie trafen sich nicht wieder. Es gab keine Gemeinsamkeiten. Ganz aus den Augen verloren sie sich aber nicht. Renate hat seine Handynummer nie gelöscht – und Halim ihre anscheinend auch nicht. Dadurch kann sie seine Statusbilder sehen. Manchmal schaut sie sie sich an. Sie zeigen Landschaften aus seiner Heimat, unterlegt mit fremdartigen Klängen. Oft erkennt sie auch Naturbilder von deutschen Gegenden. Er liebt Blumen und verreist gern. Seine Fotos sprechen von Liebe und Sehnsucht. Einmal war Halim mit einem Mädchen zu sehen. Nun hat er endlich jemanden gefunden, dachte Renate und freute sich. Aber es folgten keine weiteren Aufnahmen zu zweit.

Noch als er bei ihr wohnte, hatte Renate nach der Bedeutung seines Namens gegoogelt. Halim heißt: der Milde, der Freundliche, der Sanftmütige.

Lorchens Haarwäsche

„Wie schön, dass du mich besuchst", sagt Lorchen fröhlich und drückt Svenja fest an sich, so dass ihrer beider Haarmähnen zu einer riesigen schneeweißen Wolke verschmelzen. Svenja ist vor wenigen Minuten angekommen. Sie hat den Zug genommen. Das Auto lässt sie immer öfter stehen. Wegen der Augen. Und wegen der Konzentration. Außerdem kann man beim Zugfahren so schön aus dem Fenster schauen und träumen. Sie liebt diese flache mecklenburgische Landschaft, hat sie schon als Kind über alles geliebt. Leider kommt sie nur noch selten hierher. Das Reisen wird beschwerlicher.

„Dünn bist du geworden, Mädel. Geht's dir gut?"

„Alles im grünen Bereich. Könnte manchmal besser sein, aber man wird ja nicht jünger", antwortet Svenja. Sie möchte die andere nicht beunruhigen, sie aber auch nicht belügen. Sie weiß, dass die Frage aus echtem Interesse gestellt wurde. Es ist keine Floskel, kein Routinesatz, auch keine Einleitung dazu, über die eigene Gesundheit zu klagen. Lorchen hat sich schon immer um sie gesorgt.

Von niemanden sonst würde sich Svenja als Mädel bezeichnen lassen. Doch wenn sie Lorchen besucht, wird sie wieder zum Kind. Da fällt es ihr nicht einmal auf, dass die Ältere sie so nennt. Da gehört sie plötzlich wieder der anderen, der jüngeren Generation an. Dabei könnte man, wenn man die Beiden zusammen sieht, meinen, zwei gleichaltrige Freundinnen vor sich zu haben.

In Wirklichkeit sind sie Tante und Nichte. Lorchen, die früher Tante Hannelore genannt wurde, weil die anderen Erwachsenen es so wünschten, kam in Svenjas Leben, als diese gerade acht Jahre alt geworden war. Der Onkel hatte sie aus seinem Urlaub in Thüringen mitgebracht. Plötzlich war sie da und gehörte zur Familie – schwarzhaarig, jung, fröhlich und unheimlich lieb. Von nun an verbrachte Svenja jeden Sommer bei ihr. Den Rest des Jahres freute sie sich auf diesen Besuch. Nicht, weil sie dann viele Wochen an der Ostsee verbringen durfte, wofür ihre Klassenkameraden sie beneideten. Nein, es war das Zusammensein mit der geliebten Tante, die selbst fast noch ein Kind war, nur neun Jahre älter als Svenja.

Als Svenja größer wurde, wollte Hannelore nicht mehr Tante genannt werden. So wurde aus Tante Hannelore erst Hannelore, später Lore und schließlich Lorchen.

„Ach ja, wir werden alle nicht jünger", erwidert Lorchen. „Dabei haben wir beide noch Glück. Anderen geht es viel schlechter", fügt sie fröhlich hinzu. Sie schafft es immer wieder, negatives in den Glücksbereich zu schieben. „Ich habe Glück gehabt. Die haben den Krebs bei einer Routineuntersuchung zufällig entdeckt. Er hatte noch nicht gestreut. Sie konnten alles rausschneiden", sagt sie, oder: „Ich hatte so ein großes Glück, dass die Lungenembolie im Krankenhaus passiert ist. Zu Hause hätte mich doch keiner entdeckt. Da wäre ich glatt gestorben." Glücklicherweise wurde auch das blutende Magengeschwür rechtzeitig erkannt und die quälende Regelmäßigkeit der zweiwöchig wiederkehrenden Migräne hatte mit den Wechseljahren ein glückliches Ende gefunden.

„Ich habe uns Bohnenkaffee gekocht. Du möchtest doch sicher eine Tasse?"

Svenja muss an die gemeinsamen Café-Besuche denken. Samstags war immer Eisbecher-Tag. Gleich nach dem Mittagessen liefen sie los. Das letzte Stück des Weges rannten sie um die Wette. „Wer zuerst da ist", rief Svenja. Meist kamen sie gleichzeitig an. Die Tante bestellte sich ein Kännchen Kaffee zum Eis. „Heiß und kalt passt so gut zusammen", schwärmte sie. Manchmal durfte Svenja am Bohnenkaffee, wie Tante Hannelore ihn damals nannte und ihn auch heute noch nennt, nippen. Jedes Mal schmeckte er ihr besser und bald bekam sie eine eigene Tasse. Zuerst noch mit sehr viel Zucker drin.

„Ich habe extra Milch für dich eingekauft. So magst du ihn doch am liebsten", sagt Lorchen jetzt. „Ich trinke ihn ja immer noch gern mit Kaffeesahne." Auch ein Stück Kuchen hat sie besorgt. Sie bäckt nicht mehr selbst. Es lohnt sich nicht für sie allein und die Kinder kommen zu selten.

„Könntest du mir vielleicht nachher die Haare waschen?", fragt Lorchen plötzlich. Es klingt, als hätte sie sich zu dieser Frage durchringen müssen, als wäre sie ihr peinlich. „Ich kann das nicht mehr so gut. Ich bekomme den Arm nicht mehr richtig hoch. Und die Finger werden auch immer steifer. Die Arthrose … und du weißt doch: Ich kann dieses juckige Gefühl auf dem Kopf nicht haben."

„Ja klar mache ich das", sagt Svenja und denkt: Nun kehrt es sich um.

Das Erste, was die Tante tat, wenn Svenja in den Sommerferien zu Besuch kam, war eine gründliche Haarwäsche. „Du sollst doch schön duften", sagte sie. Die Mutter hatte nie Zeit dazu – oder keine Lust, oder einfach keine Nerven. Diese langen Haare waren auch wirklich schwer zu reinigen.

„So schneidet ihr doch endlich die Zöpfe ab", drängelte die Verwandtschaft, aber das kam für die Eltern überhaupt nicht in Frage, weil es so nett aussah.

Sobald Svenja das Pfeifen des Wasserkessels hörte, stellte sie zwei Stühle auf die Wiese unter den alten Bauernpflaumenbaum. Die Tante trug die große Emaille-Schüssel, den Steingutkrug und einen Eimer mit warmem Wasser in den

Garten, bat Svenja, sich auf den einen Stuhl zu setzen und stellte die Schüssel auf den anderen. Das meiste spielte sich im Sommer im Garten ab: sämtliche Mahlzeiten, die Federball-, Brett- oder Kartenspiele, das Bewirten der zahlreichen Gäste und eben auch das Haarewaschen.

Svenja sollte sich über die Schüssel beugen und den Waschlappen fest auf die Augen drücken, damit keine Seifenlauge hineinkam. Mit dem Krug schöpfte Tante Hannelore das Wasser aus dem Eimer, goss es über Svenjas Kopf, rubbelte liebevoll das Shampoo ein und spülte alles wieder ab. Dann schwenkte sie die langen Haare im Seifenwasser hin und her, wrang sie über der Wiese aus, kippte den Eimer mit dem restlichen sauberen Wasser über Svenjas Kopf und umwickelte diesen anschließend mit einem Handtuch. „Jetzt siehst du aus wie ein kleiner Inder", lachte sie.

Wenn die Sonne die Haare vollständig getrocknet hatte, kämmte die Tante sie behutsam Strähne für Strähne. Sie kannte eine Methode, bei der es überhaupt nicht ziepte, und Svenja wünschte sich, dass sie es der Mutter beibrächte.

Jetzt, über sechzig Jahre später, kann Svenja der Tante endlich etwas von dem zurückgeben, was sie damals von ihr bekommen hat. Die Emaille-Schüssel gibt es nicht mehr. Auch der Steingutkrug ist längst zerbrochen oder verschenkt worden oder vielleicht auch einfach von der jüngeren Verwandtschaft als Andenken mitgenommen worden. Haare werden nicht mehr im Garten gewaschen. Das ist viel zu umständlich.

Lorchen schiebt sich einen Stuhl ans Waschbecken und hängt ihren Kopf darüber. „Hier geht es am besten", sagt sie, bevor sie sich den Waschlappen fest auf die Augen legt.

Svenja greift zur Schlauchverlängerung am Wasserhahn und prüft die Temperatur. „Gut so?", fragt sie. Als sie das

Shampoo einmassiert, stöhnt Lorchen wohlig und die Jüngere freut sich, dass es der Älteren gut geht.

„Fertig", sagt sie schließlich und wickelt das Handtuch um den nassen Kopf. Vorsichtig rubbelt sie die Haare trocken. Lorchen hatte ihr Leben lang mit Kopfschmerzen zu kämpfen. Svenja formt das Handtuch zum Turban. „Jetzt siehst du aus wie ein Inder mit Brust", lacht sie.

Als die Haare trocken sind, sagt Lorchen: „Ich hätte ja große Lust auf einen Eisbecher. Du auch?"

Eigentlich ist Svenja noch satt vom Kuchen und sie soll auch auf ihre Zuckerwerte achten, aber heute ist eine Ausnahme. Ab und zu darf man unvernünftig sein. Gemeinsam machen sie sich auf den Weg zum Café. Sie waren lange nicht dort. Es ist nicht weit. Die Strecke schafft Lorchen noch gut. Vorsichtshalber nimmt sie trotzdem den Rollator mit. Svenja ist besser zu Fuß. Nur wenn sie zu langsam läuft, bekommt sie Hüftschmerzen. Das fühlt sich an, als wenn jemand mit Brennnesselbüscheln auf sie einschlägt.

„Lauf ruhig schon mal vor und warte da auf mich. Ich komme hinterhergetrappelt", schlägt Lorchen vor. Aber das möchte Svenja nicht. Sie mag die sowieso schon knapp bemessene gemeinsame Zeit nicht verkürzen.

„Ich muss mich nur kurz hinsetzen, nur kurz den Rücken krumm machen", sagt sie und setzt sich für ein paar Minuten auf eine der Bänke, die hier überall für die Urlauber bereitstehen. Dann geht es weiter. Gemeinsam nähern sie sich dem Café. Wer sie sieht, könnte meinen, sie seien beste Freundinnen. Und irgendwie sind sie das ja, auch wenn sie verschiedenen Generationen angehören und eigentlich Tante und Nichte sind.

Gerlinde

Was wohl aus Gerlinde geworden ist? Sie war damals die Vierte, die Letzte, die im Büro der Autowerkstatt angestellt wurde. Danach war das Glückskleeblatt komplett.

Sie war gerade vierzig geworden, nun im besten Alter, wie sie selbst behauptete. Gerlinde lachte viel und zeigte dabei ihre schneeweißen Zähne. Sie flirtete mit den Kunden genauso gern wie mit den Kfz-Schlosserkollegen. Niemand nahm es ihr übel. Keine der anderen Frauen beneidete sie deswegen. Alle mochten sie und ihre lebensfrohe Art.

Mit Gerlinde begann das Likörtrinken. Es gab viele verschiedene Sorten, die alle probiert werden mussten. Das Lehrlingsmädchen wurde zum Einkaufen in die HO geschickt. Man trank aus Kaffeetassen, damit die Kunden nichts merkten – auch nicht der Chef, der Buchhalter mit der Narbe am Unterbauch, die er jeder Neuen zeigte, nur dem Lehrlingsmädchen nicht, weil es noch zu jung war und er nicht unsittlich sein wollte. Ruth trank nie mit ihnen. Ihre Religion verbot es ihr. Aber sie war auch keine Spielverderberin und übernahm bereitwillig und mit stets frischem Atem die Abfertigung der Kunden. Der Buchhalter bekam von all dem nichts mit, obwohl der Alkoholduft sich oft schwer auf das Mobiliar legte.

Eines Tages durfte auch Gerlinde die Narbe des Chefs betrachten. Die Tür, die beide Büros voneinander trennte, wurde geschlossen und Roswita, die älteste der Kolleginnen, hämmerte lauter als sonst auf ihre Schreibmaschine, während Ruth geräuschvoll Zahlen auf der Rechenmaschine addierte. Als Gerlinde wieder im Büro saß, war ihr Gesicht gerötet und schöner als je zuvor. Das Lehrlingsmädchen war von dieser Schönheit fasziniert, ja sogar ein wenig verliebt in die Kollegin.

„Lasst uns zusammen singen, bis der Alte zurück ist", schlug Roswita vor, nachdem der Buchhalter sich auf den Weg zur Sparkasse begeben hatte, um das Geld der Kunden, die ihre Rechnungen damals fast ausschließlich bar beglichen, einzuzahlen. Das konnte lange dauern. Er nutzte diese Tour gern auch für private Dinge. „Gute Idee", sagte Gerlinde. Die vier Frauen kannten jede Menge Lieder. Damals wurde ja noch sehr viel gesungen. Das Lehrlingsmädchen packte die Gitarre aus, die Gerlinde am ersten Arbeitstag ins Büro mitgebracht und die sofort ihren festen Platz zwischen dem Aktenschrank und Roswitas Schreibtisch gefunden hatte.

Zur Betriebsfeier wurde besonders viel Likör getrunken. Die Schlosser tranken ihn im Wechsel mit Bier und Apfelkorn. Die Frauen versuchten ihnen nachzueifern. Irgendwann verlor Gerlinde die Fähigkeit, aufrecht zu stehen. Ihr fröhliches Lachen verwandelte sich in hässliches Wiehern. Sie hängte sich an die Schulter des Buchhalters und forderte ihn auf, ihr noch einmal seine Narbe zu zeigen. Er tat, als wisse er nicht, wovon sie rede. Es war allen peinlich. Als Gerlinde mitten im Saal umfiel, brachte das Lehrlingsmädchen sie nach Hause. Dort tranken sie noch ein bisschen weiter, denn beide hatten sich auf dem Weg durch die kühle Herbstluft erholt.

Am nächsten Tag erschien Gerlinde nicht zur Arbeit. Sie kam überhaupt nicht wieder. Sie habe ein Alkoholproblem und bleibe nirgends lange, wusste einer der Schlosser. „Die hat gekündigt", sagte der Buchhalter verächtlich.

Gerlinde wurde schnell vergessen. Keine der Frauen, die nun wieder auf ein normales Kleeblatt geschrumpft waren, sah sie je wieder. Niemand fragte mehr nach ihr. Nur das Lehrlingsmädchen trauerte noch lange um die schöne, lebensfrohe Kollegin.

Im Fundbüro

Fasziniert lässt Irene ihre Augen über die langen Regalreihen gleiten, die mit Hunderten von Koffern, Handtaschen, Rucksäcken und Reisetaschen gefüllt sind. An der Wand gegenüber hängen unzählige Schlüsselbunde. Davor stehen Kinderwagen verschiedenster Art, sogar ein Zwillingswagen ist darunter. Wie kann man so etwas verlieren, denkt Irene und sucht weiter nach der Fahrradabteilung. „Ganz hinten rechts", hat die Mitarbeiterin des Fundbüros gesagt und Irene ist ihrem ausgestreckten Zeigefinger bis hierher gefolgt.

Sie hatte beim Aussteigen aus dem Regio der Frau mit den drei Kindern und dem vielen Gepäck geholfen und dabei ihr eigenes Klappfahrrad im Zug vergessen. Erst in der Unterführung fiel es ihr wieder ein. Obwohl sie sofort auf den Bahnsteig zurückrannte, war der Zug bereits abgefahren. An der Information hatte man sie nach mehreren vergeblichen Telefonaten mit Zug- und Bahnsteigpersonal auf das Fundbüro verwiesen. Und nun ist sie hier, voller Hoffnung, ihr geliebtes Fahrrad wiederzufinden.

Ein Mann kommt auf sie zu: „Entschuldigung! Arbeiten Sie hier? Ich suche meinen Handball."

„Leider nicht. Ich suche selbst. Aber da hinten sitzt eine Mitarbeiterin", antwortet Irene und starrt auf das ungewöhnlich tiefe Kinngrübchen des Mannes.

„Was suchen Sie denn?", fragt der nun sie. „Ich war hier schon in fast jeder Ecke. Nur Sportartikel kann ich nirgends entdecken." Er lacht. „So ist das immer. Ich suche etwas, finde es nicht, dafür aber jede Menge andere Dinge, die ich gar nicht brauche." Während er erzählt, entsteht ein weiteres Grübchen auf seiner rechten Wange.

Plötzlich muss Irene an Ken denken. Ken Schubert. Sie hatte ihn völlig vergessen, obwohl sie damals jahrelang gehofft hatte ihn wiederzusehen, ihn einfach einmal zufällig irgendwo auf der Straße zu treffen, ihn, den kleinen Jungen aus dem Ferienlager, in das sie als Betreuerin gereist war. Ken hatte auch zwei Grübchen, ein ständiges am Kinn und auf der rechten Wange eins, das nur beim Lachen zum Vorschein kam. Nie zuvor und nie danach hat Irene bei einem Menschen diese Kombination gesehen. Ken – der Name passte zu diesem außergewöhnlichen Kind. Kein anderer Junge hieß damals so. Auch Schubert passte. Wie der Komponist. Ken war sehr musikalisch und hatte eine schöne Knabenstimme, die er halten konnte, wenn Irene mit ihm zweistimmig sang. Was wohl aus dem Jungen geworden ist?

„Was starren Sie mich denn so an? Haben Sie vergessen, was Sie suchen?", lacht der Grübchen-Mann.

„Entschuldigung. Ich war gerade ein bisschen abwesend", beeilt sich Irene zu sagen. Er kann es nicht sein. Warum sollte sie ihn nach so langer Zeit ausgerechnet in einem Fundbüro wiedertreffen. „Die Fahrräder … Ich suche mein Klappfahrrad", sagt sie.

„Fahrräder stehen hinter dem Regal, rechts um die Ecke. Ich komme gerade von dort."

Das Alter könnte stimmen, aber es wäre wirklich ein zu seltsamer Zufall, denkt Irene, bedankt sich und geht weiter.

Doch der kleine Ken geht ihr nicht mehr aus dem Sinn. Er gehörte nicht zu ihrer Gruppe. Sie war für die Betreuung der Zehnjährigen eingeteilt worden. Ken war acht. Aus unerfindlichen Gründen suchte er von Anfang an ihre Nähe, hing an ihrem Arm oder ließ sich von ihr auf den Schultern tragen. Er hatte es gern, von dort oben die Welt zu betrachten und die anderen

Kinder zu ärgern und ihr machte es nichts aus, ihn durch die Gegend zu schleppen. Ken brauchte viel Liebe. Irene, sechsundzwanzigjährig und noch kinderlos, hatte genug davon. Sie mochte diesen anstrengenden Jungen, der bei Wanderungen nie bei der Gruppe blieb, der ständig mit den Erwachsenen diskutierte, überhaupt unentwegt redete, beim Essen nicht sitzenblieb, während der Nachtruhe immer wieder aus dem Zimmer geschlichen kam und den Kontakt zu anderen Kindern mied. Er sei eben ein Heimkind, vor drei Jahren erst adoptiert, zum Glück sei der Vater sehr streng, der bekomme das schon hin, berichtete eine Betreuerin. Als Irene das hörte, fühlte sie sich noch mehr zu dem Jungen hingezogen.

Endlich ist sie bei den Fahrrädern angekommen. Ein paar Klappräder sind auch dabei. Ihres kann sie nicht entdecken. Sie muss gründlicher suchen, langsam ihre Augen von einem zum nächsten schweifen lassen. Aber sie ist nicht richtig bei der Sache. Sie sollte den Grübchen-Mann unbedingt noch einmal ansprechen. Sie läuft zurück.

„Entschuldigen Sie … Ich habe noch eine Frage …" Zum Glück hat sie ihn schnell wiedergefunden. „Ich kannte mal jemanden … Heißen Sie zufällig Ken Schubert?", stammelt sie plötzlich sehr aufgeregt.

Er schaut sie erstaunt an. „Ken Schubert – das war einmal. Ich heiße jetzt Dahnke. Ken Dahnke. Ich habe den Namen meiner Frau angenommen. – Aber wieso fragen Sie? Kennen wir uns?"

„Wir sind uns in Luisenthal begegnet. Vor vielen Jahren. Im Kinderferienlager", sagt Irene.

„Luisenthal! Ja, da war ich oft, fast jedes Jahr. Du warst da auch? Wie heißt du? An Namen kann ich mich allerdings kaum erinnern, schon gar nicht an die der Mädchen. Dass du noch weißt, wie ich heiße …" Er ist in das Du gerutscht, weil er sie für ein Kind von damals hält.

Sie nennt ihren Namen. Nein, eine Irene sage ihm gar nichts. Aber es ist ja auch schon sehr lange her. Sie gibt ihm recht, ist aber trotzdem enttäuscht, dass er sich überhaupt nicht an sie erinnert. Soll sie ihm davon erzählen, wie sie ihn auf den Schultern getragen hat? Würde das seinem Gedächtnis nachhelfen? Wahrscheinlich wäre es ihm eher peinlich. Also fragt sie lieber: „Was machst du jetzt so? Hast du Familie?" Wenn er sie duzt, kann sie das auch.

Er sei Architekt, sagt er. Dann erzählt er von seiner Frau, den zwei Söhnen und von seiner Tätigkeit als Handballtrainer. „Läuft alles prima." Er lächelt. Dann fragt er: „In welchem Jahr warst du da?"

„Ich war als Betreuerin dort", sagt Irene.

„Als Betreuerin … Ach so", sagt Ken. Das Lächeln verschwindet und mit ihm das Grübchen. „Mit Erwachsenen hatte ich es nicht so."

Mit Kindern auch nicht, denkt Irene.

„Oder eher die mit mir. Ich erinnere mich nur an Stress mit den Betreuern", fügt er leise hinzu. „Ach, egal! Das ist alles sehr lange her."

Ich war anders, möchte Irene am liebsten sagen und ihm vom Campingwochenende erzählen. Davon, wie sie ihn zusätzlich zur eigenen Gruppe mit an den See nahm, weil seine Betreuerin sich der Verantwortung für dieses schreckliche Kind nicht gewachsen fühlte. Jede Gruppe durfte dort eine Nacht zelten. Ken benahm sich dann tatsächlich unmöglich. Immer wieder kam er abends aus dem Zelt heraus und behauptete, dass man auch nachts toll im See baden könne. Sie hatte kaum ein Auge zugemacht aus Sorge, dass er seine Idee in die Tat umsetzen könnte. Nichts davon hatte sie den anderen Betreuern verraten, weil sie nicht wollte, dass er bestraft wird. Zu all dem schweigt Irene jetzt. Will Ken von seiner Vergangenheit nichts mehr wissen? Hat er deshalb den Namen seiner Frau angenommen? „Du konntest wunderschön singen. Singst du noch?", fällt ihr ein. Vielleicht möchte er ja darüber reden.

„Ich musste als Kind ständig irgendwo vorsingen", antwortet er leicht genervt. „Meinem Vater gefiel das."

Sie wollten sich treffen nach dem Ferienlager, wollten sich unbedingt wiedersehen und eine Zeitlang glaubte Irene auch daran, dass er eines Tages vor ihrer Tür stehen würde. Doch wie sollte der kleine Kerl denn zu ihr kommen? Da hätten seine Eltern mitspielen müssen. Sie hatte ihm ihre Adresse auf einen Zettel geschrieben. Seine kannte sie nicht.

„Ich muss dann mal weiter", sagt Ken. „Nett, dass wir uns getroffen haben." Er reicht ihr die Hand und schenkt ihr ein letztes Grübchen-Lächeln.

Sie vereinbaren kein weiteres Treffen, tauschen keine Adressen aus. Es ist alles gesagt. Was habe ich denn erwartet? Immerhin weiß ich jetzt, dass es dem kleinen außergewöhnlichen Jungen heute offensichtlich gut geht, versucht Irene ihre Enttäuschung zu verdrängen.

Ihr Fahrrad findet sie nicht. Dafür hat sie Ken Schubert gefunden. Wahrscheinlich wird sie ihn nie wiedersehen, so wie sie wohl auch ihr schönes Klapprad nie wiedersehen wird.

Herbstgeflüster

(zweite Fassung)

Im September besuchte ich Onkel Knut ein letztes Mal. Er saß in seinem Strandkorb im hinteren Teil des Gartens, dort wo die alten Erlen stehen. Er hatte sich eine dicke Wolldecke um die Beine gewickelt und wartete auf mich. „Na, mien säuten Diern, da biste ja endlich", begrüßte er mich. Obwohl er ursprünglich nicht aus dem Norden gekommen war, hatte er sich im Laufe seines Seemannslebens ein paar Brocken Plattdeutsch angeeignet, die er gern in seine Gespräche einbaute. Er ist wieder ein Stück kleiner geworden, dachte ich.

„Ist dir nicht kalt, Onkelchen?", fragte ich und küsste ihn auf die Stirn. Gräben durchzogen sein blasses Gesicht. Die dunklen Augen lagen tief in den Höhlen. Weißgraue Haarsträhnen lugten unter der Kapitänsmütze hervor. Onkel Knut hatte sein dichtes schwarzes Haar immer stolz zur Schau getragen. Wie entsetzlich war es damals für ihn gewesen, als sich erste graue Spuren zeigten. Jedes einzelne weiße Haar hatte die Tante ihm herauszupfen müssen.

„Wie schön, dass du vorbeischaust", sagte er leise. Das sagte er in letzter Zeit jedes Mal, wenn ich kam.

„Du sitzt hier draußen in der kalten Herbstluft und das bei deinem schrecklichen Husten", sagte ich, obwohl ich wusste, dass sein Husten nicht von der Kälte kam. „Frierst du denn gar nicht?" In dieser Jahreszeit waren die Winde, die vom nahen Meer herüberwehten, regelrecht eisig.

Doch Onkel Knut war das raue Ostsee-Klima gewohnt. Hatte er doch den größten Teil seines Lebens auf dem Meer verbracht. „Hier ist es ganz geschützt. Komm doch ein büschen zu mir in den Strandkorb", bat er mich.

„Wie geht's dir?", fragte ich und setzte mich neben ihn.

Er legte seine kalte schlaffe Hand auf meine. Ich hörte seinen rasselnden Atem. „Ach Kind, wat soll ick vertellen. Ick bin ein alter Mann ... Lass uns über dich und de Kinner schnacken. Wo geiht se dat? Wo geiht *die* dat?" Er sprach langsam und leise. Das Sprechen schien ihm Mühe zu bereiten.

„Uns geht's prima", sagte ich und dachte: Was soll ich ihn mit meinen Sorgen belasten. „Die Kinder lassen dich grüßen. – Es ist schön hier." Ich schmiegte mich eng an meinen Onkel und streichelte seine kalte Hand.

Der Wind wurde stärker. Er fegte durch die Bäume des Gartens und ließ die Blätter tanzen. Sie drehten sich auf ihren Zweigen, lösten sich sanft und wirbelten dem Boden entgegen, um dort unten weiter ihre Pirouetten zu drehen.

Schweigend schauten wir dem Blättertanz zu. Onkel Knut hatte recht. Im Strandkorb war der eisige Wind kaum zu spüren. Vorsichtig lehnte ich den Kopf an seine Schulter.

„Es klingt, als flüsterten uns die Bäume etwas zu", sagte er und schaute mich dabei mit seinem verschmitzten Lächeln an, das ich schon als Kind an ihm geliebt hatte und das in letzter Zeit so selten geworden war. „Kannst du es verstehen?"

„Ach Onkelchen, ich bin doch kein kleines Kind mehr", lachte ich.

„Früher hast du es verstanden. Du gibst dir ja gar keine Mühe!", sagte Onkel Knut so mürrisch, dass ich erschrak.

Ja früher, dachte ich und spürte Traurigkeit aufkommen. Ich musste schnell das Thema wechseln.

„Hier im Strandkorb hast du mir immer von deinen Reisen erzählt", sagte ich. „Und ich habe dir dein ganzes Seemannsgarn geglaubt."

„Du warst eine wunderbare Zuhörerin."

„Und weißt du noch, wie du mich hoch in die Luft geworfen hast? Du warst für mich der stärkste Mann der Welt."

„Du hast vor Vergnügen so laut gequietscht, dass man es im ganzen Ort hören konnte." Onkel Knut lachte herzhaft. Ein roter Schimmer legte sich auf seine Wangen. Leben kam in die dunklen Augen. Dann begann er zu husten. Es wurde einer dieser Anfälle, die ich schon von meinen letzten Besuchen kannte und die jedes Mal heftiger wurden. Er würgte und bekam kaum noch Luft. Erschrocken sprang ich auf.

„Ich hole dir was zu trinken, bin sofort wieder da", rief ich und rannte ins Haus.

Als ich zurückkam, war der Anfall vorüber. Onkel Knut war noch blasser als bei meiner Ankunft.

„Ach de Kinner … immer wieder in dat Water", sagte er erschöpft. Ich verstand nicht, was er meinte, wollte aber auch nicht nachfragen.

Plötzlich sagte er: „Singst du mir das Regenbogenlied vor? Es klang immer so hübsch."

„Aber Onkelchen, ich bin fast fünfzig. Ich kann doch nicht hier mitten im Garten einfach anfangen zu singen", zierte ich mich.

„Ja, ja, die Zeit vergeht." Enttäuscht rückte er ein Stück von mir ab. „Dann eben nicht", sagte er bockig.

Eine ganze Weile saßen wir schweigend nebeneinander. Nur das Rascheln der Blätter war zu hören – und das Röcheln seines Atems. Als ich zu ihm hinübersah, merkte ich, dass er eingeschlafen war. Sein Gesicht hatte wieder Farbe bekommen. Langsam entspannte ich mich. Es machte Spaß, neben ihm zu sitzen und zu träumen. Früher hatten wir manchmal stundenlang so dagesessen. Wenn wir vom Träumen und Geschichtenerzählen genug hatten, ist er mit mir durch den Garten spaziert und hat mir die Namen der Kräuter und Wildblumen erklärt. Wenn er zu Hause war, war das Leben schön.

Eine neue Windböe fuhr durch die Bäume. Ich versuchte, dem leisen Rascheln ein Flüstern zu entnehmen. Onkel Knut hatte recht. Früher hatte ich es verstanden. Wir beide hatten es verstanden. Aber da gab es eben auch noch nicht die vielen Sorgen.

„Na, mien Schietbüttel …" Ich erschrak. Onkel Knut war aufgewacht. Schelmisch sah er mich an: „Hab ick ein büschen geschimpft mit mien Diern?" Dann sagte er leise: „Ich hätte es eben gern noch einmal gehört." Dabei sah er mich so bittend und traurig an, dass mich das schlechte Gewissen wie eine schwere Welle überschwappte.

Ich nahm seine welken Hände in meine auch nicht mehr ganz jungen und begann zu singen. Ich sang alle zwölf Strophen des Regenbogenliedes und war selbst erstaunt, dass ich den ganzen Text noch kannte. Leise rauschte der Wind und ließ das herabfallende Laub tanzen.

„Danke, mein Kind. Danke, mien lütte Diern", sagte Onkel Knut und seine Stimme hatte für einen Moment ihre alte Festigkeit wiedergewonnen.

Dann kam Schwester Luise. „Kommen Sie bitte rein, damit ich Sie zur Mittagsruhe fertig machen kann! Ihr Essen steht auch in der Küche und wird kalt."

Der Onkel erhob sich mühsam. „Wer ist die denn!? Und wer sind Sie?!", fragte er streng und sah mich böse an.

„Ich bin's doch – Anja, deine Nichte", sagte ich leise.

Vorsichtig hakte ich mich bei ihm unter, doch er entriss mir seinen Arm und schrie: „Fassen Sie mich nicht an!"

Ich kämpfte mit den Tränen. Vergeblich wartete ich auf sein verschmitztes Lächeln. Schwester Luise brachte ihn ins

Haus. Ich blieb im Garten zurück, wurde jetzt nicht gebraucht, war nur im Weg. Durch das offene Küchenfenster hörte ich Onkel Kurts Husten und Schwester Luises forsche Stimme. In der Ferne schrien Möwen.

Später, als der Onkel eingeschlafen war, ging ich noch einmal zu ihm, um mich zu verabschieden. Vorsichtig küsste ich ihn auf die Stirn. Obwohl ich auf Zehenspitzen ins Zimmer geschlichen war, hatte er mich gehört. Er öffnete die Augen und sah mich spitzbübisch an.

„Adjüüs, mien Schietbüttel. Wie schön, dass du vorbeigeschaut hast."

„Adjüüs, Onkelchen", sagte ich.

Es war das letzte Mal, dass ich Onkel Knut sah. Ich fuhr dann nur noch einmal zu seiner Beerdigung in die Stadt meiner Kindheit.

Nächtliches Duo
(zweite Fassung)

Das Publikum hatte sich verändert in den letzten Jahren. Wer konnte sich heutzutage noch die teuren Eintrittskarten in die große Konzerthalle leisten. Früher hatte Herr Müller sein Publikum geliebt.

Schon zu Beginn des Sinfoniekonzertes merkte er, dass er heute wieder nicht richtig bei der Sache war. Und wie so oft bei diesen Konzerten, die er während seiner fünfunddreißigjährigen Dienstzeit an die hundert Mal gespielt hatte, wenn die Musik automatisch aus ihm herausfloss, ohne ihn zu berühren, begannen seine Gedanken spazieren zu gehen.

Da ihn keine Euphorie erfasste, würde auch das schwarze Loch hinterher ausbleiben. Das war das Positive an diesem seltsam eisigen Zustand, der Herrn Müller seit einiger Zeit auf seinen Konzerten begleitete.

Während er Töne produzierte, ließ er die Augen durch die Reihen des Publikums wandern. Männer und Frauen saßen bunt gemischt nebeneinander. Einige hatten sich tüchtig in Schale geschmissen, andere kamen mit Jeans und Rollkragenpullover. Das wäre früher nicht denkbar gewesen, aber die Zeiten ändern sich eben. Herr Müller versuchte, die Pärchen auszumachen. In der ersten Reihe saßen zwei, die zusammengehören mussten. Beide hatten ihren Kopf jeweils dem anderen zugeneigt und lauschten voller Andacht. Sie waren einfach, aber festlich gekleidet. Er trug einen dunkelgrauen Anzug mit weißem Hemd und Silberschlips, sie eine hellblaue Seidenbluse mit großer Silberbrosche – Alter um die Fünfzig. Das war das Publikum, das Herr Müller mochte. Sicher hatten sie eine Weile gespart, um sich zwei Karten in der ersten Reihe leisten zu können. Für sie war der Konzertbesuch weder eine Prestigefrage noch Basis für lange intellektuell-kritische Gespräche hinterher. Sie waren nicht hier, um mit teurer Abendgarderobe zu protzen und zu demonstrieren, dass die Beschäftigung mit Kultur selbstverständlich zu ihrem Lebensstil gehörte. Sie würden hinterher still und beglückt mit dem Linienbus nach Hause fahren, um dort miteinander in aller Ruhe ein Glas Rotwein zum Ausklang des schönen Abends zu trinken.

Neben ihnen saß ein Mann, der große Ähnlichkeit mit Theo Lingen hatte und unentwegt mit seiner Zunge zwischen Oberlippe und Zähnen herumfuhrwerkte. Vielleicht war ihm ja beim Abendbrot eine Fleischfaser zwischen den Schneidezähnen hängengeblieben. Die Frau an seiner Seite erinnerte an Yvonne aus der „Olsenbande". Ihren breitkrempigen rosa Hut, nicht ganz passend zum feuerroten Haar, hatte sie aus Rücksicht auf die hinter ihr sitzenden auf den Schoß gelegt.

Die nächsten Zuhörer der ersten Reihe waren ein schwules Pärchen, das breit lächelnd Händchen hielt und eine sehr klug dreinblickende Dame mit Bürstenhaarschnitt. Letztere schien allein gekommen zu sein.

Der tosende Applaus ließ Herrn Müller zusammenschrecken. Das Publikum erhob sich. Der Herr im Anzug lächelte seine hellblaublusige Frau, die Tränen in den Augen hatte, an. Beide klatschten stürmisch Beifall. Der Theo-Lingen-Verschnitt legte Olsenbanden-Yvonne verzückt seine Hand auf den Schoß. Das schwule Paar gab sich einen scheuen Kuss. Die Dame mit dem Bürstenhaarschnitt unterhielt sich aufgeregt mit den hinter ihr sitzenden. Das Orchester trat ab.

Später lief Herr Müller über den großen Platz unweit der Konzerthalle nahe der Grünanlage. Er war verschwitzt und müde und freute sich auf ein kühles Bier. Plötzlich vernahm er Geigenklänge. Es waren ganz einfache Weisen, zarte, gefühlvolle Töne, erzeugt auf einem billigen Instrument, doch voller Leidenschaft gespielt. Unter einer Laterne, gleich neben der Grünanlage, entdeckte er einen Straßenmusikanten, kaum älter als fünfundzwanzig. Völlig in sein Spiel vertieft, hielt er die Augen geschlossen. Ein Lächeln lag auf seinem Gesicht. Herr Müller kannte das Lied. Er hatte es als Kind gelernt. Es war ein russisches Volkslied, das von einem Birkenbaum erzählte. Er warf dem Musikanten eine Münze in den Geigenkasten und wollte weitergehen.

„Spassibo", sagte der Musikant und setzte zum nächsten Lied an. Da passierte etwas mit Herrn Müller, was sich schwer beschreiben lässt. Er spürte mit einem Mal dieses wohlige Kribbeln, das er als junger Mensch immer verspürt hatte, wenn er kurz vor einem Solo-Auftritt stand, wenn er sich auf sein Spiel freute, aber auch Angst hatte, da er sich nicht sicher war, ob er gut genug sein würde.

Ohne sich richtig im Klaren zu sein, was er da eigentlich tat, legte er seinen Geigenkasten auf den steinernen Boden, öffnete ihn und nahm das teure Instrument heraus. Mit einer nickenden Kopfbewegung bedeutete er dem Russen weiterzuspielen. Leise zupfend passte er seine Geige der des Anderen an. Aufmerksam hörte er sich in die Klänge ein. AN DEN FLUSS WILL ICH GEHEN UND SCHAUEN. Auch dieses Lied kannte Herr Müller. Er hatte sogar einmal den ganzen Text auswendig gewusst. Nun fiel ihm kein einziges Wort mehr ein. Aber die Musik, diese wunderschöne, sehnsuchtsvolle Melodie war ihm noch komplett in Erinnerung geblieben. Er begann eine zweite Stimme zu intonieren. Er musste den richtigen Klang suchen, musste sich dem des Straßenmusikanten unterordnen. Mit

116

seinem wertvollen Instrument wäre es ihm ein Leichtes gewesen, den anderen durch schöne Töne auszustechen, doch hier ging es nicht ums Brillieren. Hier ging es einzig und allein ums Musizieren. Herr Müller spielte sich warm. Immer hübschere Schnörkel fielen ihm ein. Er blieb auf einzelnen Tönen ruhen, um die Melodie besser zur Geltung zu bringen. Er wagte kleine Umspielungen, wurde immer mutiger in seiner Improvisation und erntete einen zustimmenden Blick seines neuen Musizierpartners. Dann war das Lied zu Ende.

„Otschen Charascho", sagte Herr Müller und war froh, dass ihm die Worte eingefallen waren. Gern hätte er mehr über diesen Mann erfahren, der aus irgendeinem Grund gezwungen war, auf der Straße seinen Lebensunterhalt zu verdienen.

„Bach?", fragte der Straßenmusikant plötzlich. Er sang den Anfang einer Melodie. Herr Müller nickte. Er kannte dieses wunderbare Doppelkonzert. Beide setzten ihre Geigen ans Kinn und begannen erneut zu musizieren.

Gibt es irgendetwas auf der Welt, das mehr zu verbinden vermag als die Musik? Gibt es Seelen, die sich näherstehen als die zweier miteinander musizierender und ganz in diesem gemeinsamen Spiel aufgehender Menschen? Sie kommunizierten in einer Sprache, die als einzige in der Lage scheint, zwei Seelen zu einer verschmelzen zu lassen und dazu noch die Seelen der Zuhörenden in ihren Bann zu ziehen, in einer Sprache, die ganz ohne Worte auskommt. Nur für einen winzigen Moment drängte sich Herrn Müller der Gedanke auf, wie peinlich es wäre, käme einer seiner Kollegen jetzt vorbei und sähe ihn gemeinsam mit einem Straßenmusikanten geigen, mit Frack und Fliege, so dass jeder gleich erkennen konnte, woher er kam. Könnte er vielleicht sogar Schwierigkeiten mit der Leitung bekommen? War es ihm als angestellten Musiker überhaupt gestattet, auf der Straße zu musizieren? Er wusste oft nicht mehr, was erlaubt war und was nicht. Doch schnell verblassten diese Gedanken. Die Geigentöne trugen ihn in andere Welten, in Welten ohne Kommerz und Leistungsdruck. Herr Müller ließ sich emporziehen. Die Körper beider Musiker tanzten im gleichen Rhythmus. Ihre Lungen atmeten im Gleichklang. Artistisch sprangen ihre Finger über die Saiten.

Erschöpft ließen sie schließlich die Instrumente sinken. Menschen klatschten. Münzen fielen in des Russen Geigenkassen. Er legte seinen Arm um Herrn Müllers Schulter. „Sergej", sagte er. „Karl", stammelte Herr Müller gerührt. Dann umarmten sich beide Männer. Eng umschlungen standen sie unter der Laterne am Rand des großen Platzes gleich neben der Grünanlage. Das gute Instrument des Berufsmusikers lag auf Sergejs Rücken. Die billige Geige des Straßenmusikers schmiegte sich an Karl Müllers Arm.

Endlich lösten sie sich voneinander, packten ihre Instrumente ein, nickten sich lächelnd zu und tauchten in verschiedenen Richtungen in die Nacht ein.

Das Jubiläumskonzert des alten Liedermachers

Im Hopserlauf kommt er den Besuchern entgegen. Die meisten kennt er mit Namen. Nahezu jede und jeden umarmt er freudestrahlend und ausgiebig. Es ist ein echtes Drücken, warm und herzlich, was man gern erwidert. Eine Frau – sicher eine besonders gute Bekannte, wer weiß – streichelt ihm verstohlen übers Haar. Das ist weich und schneeweiß. Wer hätte gedacht, dass der Liedermacher einmal solch schöne Haare haben würde. Früher waren sie dünn und strähnig, wirkten immer ein bisschen verwahrlost in ihrem Straßenköterblond. Machen Männer im Alter auch einen Hormonschub durch, der den Fetthaushalt des Körpers verändert, ähnlich dem der Wechseljahre bei Frauen? – Er ist immer noch fit. Ein Wirbelwind wie eh und je. Manche staunen über diese Beweglichkeit, sagen es ihm auch direkt ins Gesicht: „Du mit deinen fast achtzig Lenzen springst noch durch die Gegend wie ein junger Spund." Nur wenn er traurig ist, klappt es nicht. Aber heute ist Fröhlichkeit angesagt. Heute wird ein Jubiläum gefeiert.

Vor sechzig Jahren stand er das erste Mal als Liedermacher auf der Bühne. Man sagt jetzt Songwriter. Er mag diese Bezeichnung nicht. Es ärgert ihn, dass das Englische immer mehr die deutsche Sprache beherrscht. Überhaupt, was mit der Sprache passiert … Er weiß, dass sie sich weiterentwickelt, wie anderes im Leben auch, und dass er damit leben muss … Er jedenfalls liebt die alten Wörter wie Wonne, Augenweide, mutterseelenallein, baut sie immer wieder in seine Texte ein. Sein Publikum mag das, besonders die Älteren unter ihnen. „Ein bisschen gestelzt, aber hat was", sagen die Jüngeren.

Die Reihen füllen sich. Nur noch wenige Plätze sind unbesetzt. Die Konzerte des alten Liedermachers sind beliebt. *Er* ist beliebt. Auch wenn er nie die große Karriere gemacht hat, nie die Berühmtheit seiner großen Vorbilder Hannes Wader, Reinhard Mey oder Konstantin Wecker erreicht hat.

Manch einer ist irritiert wegen der schweren Zunge des Liedermachers. Er spricht heute langsamer als man es von ihm kennt und ein bisschen nuschelig. Hatte er etwa einen Schlaganfall? Verwunderlich wäre es nicht bei seinem Lebenswandel. Diese ständige Rastlosigkeit. Oder hat er etwas mit den Zähnen? Ist es einfach nur das Alter? Gespräche hinter vorgehaltener Hand. „Ich glaube, er trinkt", sagt eine Konzertbesucherin zur anderen. „Er ist so empfindsam, hält das Leben manchmal schlecht aus." Spekulationen. Wieder stürmt er auf eine Besucherin zu, umarmt sie besonders lange.

Mit zehn Minuten Verspätung beginnt das Konzert. Schwungvoll betritt der alte Liedermacher die Bühne. Er hat bis eben noch mit einigen seiner Besucher angestoßen. Heute gibt es für jeden ein Glas Sekt umsonst. Darum die leichte Verspätung. Nun schnappt er sich seine Gitarre, zupft ein paar einleitende Akkorde und ruft: „Schön, dass ihr alle gekommen seid!" Noch einmal hebt er das Glas und prostet seinem Publikum zu. Das jubelt begeistert.

Er beginnt mit einem Liebeslied. Es ist neu. Er singt es heute zum ersten Mal. Liebeslieder fallen ihm immer ein. Auch noch mit fast achtzig Jahren. Er hat viel geliebt in seinem Leben. Die meisten Frauen sind nur für kurze Zeit bei ihm geblieben. Er sei zu kompliziert, zu unstet – und dann ständig unterwegs. Aber wenn eine ging, standen schon mehrere bereit. Sie fanden ihn interessant in seiner Unberechenbarkeit, so wunderbar verrückt. Es war schön zu lieben und geliebt zu werden. Heute hätte er gern eine, die bei ihm bleibt, ihn erwartet, wenn er müde nach Hause kommt, die ihn verwöhnt, tröstet…

Mit Erschrecken bemerkt er Tränen in seinen Augen. Das ist schlecht. Das darf nicht passieren. Sofort hört er Herrn Neumann, seinen ersten Gesangslehrer, der ihm vor über sechzig Jahren erklärte: „Niemals darfst du auf der Bühne vor Rührung weinen. Du musst die Zuhörer dazu bringen. Du selbst musst immer über der Musik stehen. Das ist Professionalität." Schnell fängt er sich wieder, lächelt ins Publikum.

Als er das Friedenslied anstimmt, glaubt er für einen Moment, dass er das heute nicht schafft. Es ist ein altes Lied. Eins seiner ersten. Ein altes Thema, immer aktuell. Es hat ihn durch sechzig Berufsjahre begleitet. Und noch immer haben die Tauben den Ölzweig nicht gefunden. – Dabei hat er Glück gehabt. Kurz nach dem zweiten Weltkrieg geboren, konnte er im Frieden aufwachsen. Aber es gab immer zu tun. Sein Leben lang war er ein Kämpfer, hat sich engagiert in der Umweltbewegung der DDR, hat tapfer seinen Aufnäher „Schwerter zu Pflugscharen" getragen, später die Montagsdemos besucht. Es gab einige unschöne Erlebnisse. Die Bilder verfolgen ihn bis heute. Es wurde ruhiger. Die Jüngeren übernahmen. Seine Tochter, die Nachzüglerin, seine kleine Glücksbringerin, gerade siebzehn Jahre alt geworden, ist eine von ihnen. Seit Wochen sitzt sie in einem Baum, um Grünheides Wald zu retten. Er ist stolz auf sie. – Erschreckend, was heute mit der Welt passiert. Am liebsten möchte er nicht daran denken, am liebsten nie mehr Nachrichten hören. An allen Ecken und Enden kriselt's. Er hat Angst. Angst um die Enkel. Angst auch um die junge Tochter. Im Zeitalter der Gleichberechtigung der Geschlechter werden auch die Mädchen nicht vom Kriegsdienst verschont werden.

Mehrmals röten sich an diesem Abend des alten Liedermachers Augen. Manchmal kommen Tränen. Es ist ihm egal. Soll sich doch der alte Neumann im Grabe herumdrehen. Er kann nicht anders. Die Probleme der Welt gingen ihm schon immer viel zu nah. Darum singt er. Darum hat er diesen Beruf gewählt. Darum wird er niemals aufgeben. „Allein ist der Mensch oft machtlos, aber gemeinsam können wir etwas erreichen", ruft er ins Publikum. Die Menge applaudiert begeistert. Es ist ein schönes Gefühl, obwohl er weiß, dass diese Euphorie spätestens am nächsten Tag bei allen verrauscht ist. Die meisten werden sie schon auf dem Heimweg verlieren. Er kennt sein Publikum. Es hat sich über die Jahrzehnte nicht geändert. Aber auch seine Hoffnung nicht. Darum macht er weiter. Er gibt nicht auf. Ein paar Jahre hat er noch.

Einst wollte er die Welt verändern. Als er jung war, voller Tatendrang. Immer wieder gab es Zeiten, in denen er sich der Sinnlosigkeit seines Tuns bewusst war. Doch da war es bereits zu spät. Er konnte nicht mehr zurück. Außerdem hatte er sowieso nichts anderes als singen gelernt. Die Phasen gingen vorüber. – Sicher kann er die Welt nicht verändern, aber er kann wenigstens ein paar Menschen für die kurze Dauer eines Konzertes zum Nachdenken bringen – oder glücklich machen. Nein, er bereut nichts. Es ist ein schöner Beruf, für den er sich entschieden hat. Nur dass er eben geglaubt hatte, noch mehr erreichen zu können.

„Lasst uns miteinander feiern. Und denkt immer daran: allein sind wir oft zu schwach, aber gemeinsam können wir alles schaffen", ruft er in den Schlussapplaus. Das Lagerfeuer ist vorbereitet, muss nur noch angezündet werden, jede Menge Schmalzstullen stehen bereit – wie früher – und Sekt ist auch noch genug da. „Nicht alles können wir schaffen, aber vieles", setzt er leiser hinzu. Die Hoffnung stirbt zuletzt. Seine Zunge ist heute ein wenig schwer, aber seine Augen leuchten.

Einsam, kahl und wunderschön

Weißt du, dass du mich das Oderbruch lieben gelehrt hast? Ich lebte schon so lange in dessen Nähe und war doch noch nie dort gewesen. „Lass uns gemeinsam hinfahren. Du wirst staunen", schlugst du vor.

Ist ja nur kahles, flaches Land, dachte ich. Kaum ein Baum bis zum Horizont. Nichts als Felder und Wiesen, dazwischen hier und da kleine Häuseransammlungen. Wie langweilig musste das Leben dort sein. Gruselig einsam im Winter und im Sommer schattenlos und brütend heiß. Ich kannte die Gegend von Bildern – Fotos und Malereien – und den Schwärmereien meiner Freunde, und war äußerst skeptisch.

Es dauerte dann auch noch eine ganze Weile, bis wir wirklich hinfuhren. Es war an meinem Geburtstag. Du hattest mir einen Überraschungsausflug geschenkt. Ich wusste nicht, wohin es ging und begab mich ganz in deine Hände.

„Du musst einen Sonnenhut aufsetzen", sagtest du. Es klang wie ein Befehl. Und ich, die ich nie eine Kopfbedeckung trug, weder im Sommer noch im Winter, kaufte mir einen breitkrempigen Strohhut. Auch eine Flasche Wasser nahm ich mit, obwohl ich nicht zu denjenigen gehöre, die immer etwas Trinkbares bei sich führen, um die täglichen zwei Liter zu sich nehmen zu können. Das ist vielleicht ungesund, aber dafür verfalle ich auch nicht gleich in Panik, wenn ich einmal wirklich durstig bin und nichts Trinkbares in der Nähe ist. „Ohne Wasser kommst du mir nicht mit!" Wieder ein Befehl. Aber so warst du eben. Damals fand ich es amüsant. Meistens.

Eine Stunde lang fuhren wir durch mir unbekannte Gegenden und hielten schließlich auf einem mickrigen Parkplatz, der gerade einmal acht Autos eine Abstellmöglichkeit bot.

„Willkommen im Oderbruch", sagtest du und suchtest nach Spuren von Freude in meinem Gesicht. Ich freute mich tatsächlich. Ich mag Überraschungen und ich mag es, wenn sich jemand für mich Mühe gibt. Obwohl ich natürlich anhand der Himmelsrichtung und der Bilder, die in meinem Gedächtnis lagerten, längst erkannt hatte, wohin die Reise ging.

Wenige Meter entfernt entdeckte ich ein Restaurant und hoffte, wir würden dort Mittag essen. „Hier gibt es noch Fassbrause, die echte von früher", sagtest du und zogst mich in die andere Richtung zu einem Tante-Emma-Laden. Dort bekam man auch Bockwurst mit Kartoffelsalat, selbstgebackenen Kuchen – und Kaffee, ganz normalen Kaffee mit Kaffeesahne, keinen Cappuccino, keinen Milchkaffee oder Latte Macchiato. Ich genoss die chemierote Brause, war begeistert und dachte: Wie in der Kindheit. Komischerweise wurde damals genau hier, in jenem kleinen Laden mein Interesse für das Oderbruch geweckt – und dies, obwohl du mir das gewünschte Stück Kuchen verweigertest, ganz ohne Worte, nur mit einem von meinem Hals bis zu den Füßen herabgleitenden kritischen Blick.

Nach wenigen Schritten waren wir an der Oder angekommen. Wir liefen durch das sattgrüne Gras bis dicht ans Ufer. Du legtest deinen Arm um mich, zogst mich an dich auf eine Art und Weise, die ich vor unserer Begegnung nicht gekannt hatte, fest und sanft zugleich, ein wenig rabiat und doch unglaublich zärtlich. Einfach wunderschön! Genau diese Momente waren es, die mich deine Grobheiten und Abfälligkeiten vergessen ließen. Diese liebevolle Zugewandtheit. Sie und dein Ideenreichtum, deine Unternehmungslust, wenn du gut drauf warst. Man konnte Unglaubliches mit dir erleben. – Ich genoss die Berührung, ohne sie zu erwidern. Dazu fehlte mir der Mut. Zwischen uns sollte es Freundschaft geben. Mehr nicht. So war es abgemacht und so sollte es bleiben. Nur vereinzelte kleine Wölkchen schwebten am Himmel und spiegelten sich im sonnengoldenen Wasser des Flusses. Ganz still stand ich, alle meine Sinne auf Empfang gerichtet, und wagte kaum zu atmen. So fühlt sich Glück an, dachte ich.

„Jetzt wird eine Stunde lang gewandert", sagtest du ein wenig zu laut. „Danach gibt's was zu essen." Dein Grinsen berührte mich unangenehm.

In gleichem Rhythmus liefen wir über den Oder-Damm. Das gefiel dir. Das war dir wichtig. Es war für dich so eine Art innere Verbindung. Ich wusste es von gemeinsamen Spaziergängen. Bei mir war die Sache mit dem Gleichschritt eher negativ belegt, aber das behielt ich für mich. Manche Dinge wolltest du nicht verstehen.

Reden mochtest du nicht beim Wandern. Das kam mir entgegen, besonders heute. Es war so ruhig hier. Diese fantastische Stille! Und trotzdem war so viel zu hören. Leise plätscherte der breite Fluss dahin. In der Ferne brüllten polnische Kühe. Sogar das Rascheln der Blätter an den Bäumen, von denen es hier in der Nähe der Oder doch mehr gab, als ich vermutet hatte, war zu vernehmen, obwohl es fast windstill war. Erbarmungslos brannte die Sonne. Ich nahm mindestens fünf verschiedene Vogelstimmen wahr. Gern hätte ich gewusst, wer da singt, aber ich traute mich nicht, das Handy aus der Hosentasche zu ziehen. Erst einen Sommer später, als ich allein hierherkam, konnte ich die kleinen Sänger mit Hilfe meiner Vogel-App bestimmen. Inzwischen kann ich den Ruf des Kranichs von denen des Silberreihers und der Wildgänse unterscheiden, erkenne Kiebitz und Wiedehopf, und habe einmal sogar einen Pirol gesehen.

Dass es noch so menschenleere Orte gab, erstaunte mich zutiefst. „Lass uns gemeinsam hinfahren. Du wirst staunen", hattest du vor Wochen zu mir gesagt und ich hatte dir nicht glauben wollen. Wie dumm ich doch gewesen war.

„Wie kommen denn die Muscheln hierher?", fragte ich leise, weil mir die Schalen am Wegrand aufgefallen waren.

„Die Vögel fischen sie aus dem Wasser, schleppen sie an Land, fressen die Innereien und lassen den Rest liegen."

Ich lachte, glaubte dir nicht. Du hattest manchmal eine seltsame Fantasie.

„Na wenn du es besser weißt … Wenn du denkst, dass ich blöd bin … Deine Arroganz ist echt nervtötend!"

Ich hatte dich beleidigt. Es tat mir leid. Und es ärgerte mich. Immer wieder passierte mir so etwas. Warum gelang es mir nicht, besser auf dich einzugehen?

Nach der Hälfte des Weges machten wir Rast. Bänke gab es keine. Du setztest dich ins hohe Gras, mitten zwischen die vielen Blumen. Ich ließ mich auf einem der Kilometersteine nieder. Ich konnte noch nie gut auf dem Boden sitzen. Du rücktest näher an mich heran. Jetzt durfte auch geredet werden. Wie zufällig waren deine Berührungen. Schon damals vermutete ich, dass du mich bewusst manipulierst, aber es gefiel mir. Als du dich an meine Beine lehntest, wagte ich mutig meine Hand auf deine Schulter zu legen. „Trink bitte etwas, bevor wir weitergehen", sagtest du mit einer unglaublichen Sanftheit, zogst die Flasche aus dem Rucksack und reichtest sie mir. Unser Disput schien vergessen.

Den Rest des Weges warst du wie ausgewechselt, erfreutest dich gemeinsam mit mir an den Margariten, meinen Lieblingsblumen, und an den raschelnden Espen. Da war auch wieder dieses Lächeln, welches mir Schauer über den Rücken laufen ließ. Nur als ich dir den Natternkopf pflückte und dir dazu die Geschichte mit dem wie bei einer Schlange gespaltenen Griffeln und dem Farbwechsel der Blüten erzählen wollte, kam wieder dieser gekränkte Blick. „Willst du mir Vorträge halten, Frau Lehrerin? Willst du mir erklären, was du alles besser weißt als ich?" – Was hat dich nur so empfindlich werden lassen? – Doch gleich darauf lachtest du, kniffst mir liebevoll in den Oberarm und schwärmtest von der Gaststätte, die wir in wenigen Minuten erreichen würden. Bis zum Ende unserer Freundschaft, oder wie auch immer man das Verhältnis zwischen uns bezeichnen soll, habe ich nicht gelernt, angemessen auf deine Stimmungswechsel zu reagieren. Immer wieder verunsicherte mich dein unvorhersehbares Gekränkt-Sein derart, dass ich zu keiner Reaktion fähig war, ja förmlich erstarrte. „Auf dem Rückweg besuchen wir eine Keramikerin. Da darfst du dir etwas aussuchen. Das gehört mit zum Geburtstagsgeschenk", versprachst du.

Später saßen wir auf dem Oder-Damm mit Blick auf eine kleine Bootsanlegestelle und aßen Bratkartoffeln mit Sülze und Remoulade. Es schmeckte wie früher und sah auch so aus. Wie lange hatte ich keinen Krautsalat mehr gegessen? Wir beobachteten die Schiffe, die fast lautlos vorüberglitten und tranken Bier. Die Ruhe der Landschaft schien die Menschen anzustecken. Weder die Wanderer noch die Radfahrer, Paddler oder Ruderer sprachen lauter als nötig.

Kaffee tranken wir ein Stück weiter im Hof der Radwegekirche. Dabei erzähltest du mir die rührende Geschichte von der Pfarrfrau, die bis zu ihrem Tod vor wenigen Jahren mit ihren naiven Malereien Spenden für die Erhaltung der Kirche gesammelt hat.

In den Ort selbst wollte ich nicht mehr. Nicht heute. Ich hatte schon zu viele Eindrücke in mir. Das sahst du ein. „Wir werden ein anderes Mal wiederkommen, vielleicht zur Vogelzugzeit, dann zeig ich dir noch ein paar schöne Plätzchen", sagtest du. Dazu kam es leider nie, aber das ahnten wir damals beide nicht.

Auf dem Rückweg machten wir noch einmal Rast. Diesmal legten wir uns ins Gras, lauschten den Vögeln, dem Geplätscher der Oder, dem Summen der Bienen und Hummeln. Die Blumenvielfalt beeindruckte mich. Ich musste an die bunten Sträuße denken, die ich als Kind für meine Großeltern gepflückt hatte. Hier auf diesen saftigen Oderwiesen entdeckte ich Pflanzen, die ich seit damals nicht mehr gesehen hatte. Stück für Stück rücktest du näher an mich heran. Ich sah, wie deine Hand nach meiner griff. Im letzten Moment zogst du sie zurück. Mein Herz klopfte wild. Ich hatte Angst und war doch voller Freude. Es war eine seltsame Gefühlsmischung, die mir Tränen in die Augen trieb. Du warst eine Frau. Wir hatten uns Freundschaft vorgenommen. Nicht mehr.

Als wir am Parkplatz ankamen, hatte der Tante-Emma-Laden bereits geschlossen und unser Auto war das Einzige, was noch dort stand. Es war spät geworden.

Auf der Rückfahrt redeten wir kaum. Jede hing ihren eigenen Gedanken nach. „Wir haben die Keramikerin vergessen", sagtest du plötzlich. „Ist nicht schlimm. Wir können es nachholen", antwortete ich. Dann schwiegen wir wieder.

Später, als wir uns beide gegenseitig aus unserem Leben gestrichen hatten, fuhr ich häufig hierher. Anfangs tat es weh. Trotzdem kam ich wieder. Es war wie eine Sucht. Mit der Zeit wurde es dann besser. – Mehrmals im Jahr wiederhole ich diese Wanderung, die ich zum ersten Mal mit dir machte. Warum musste es so enden mit uns, fragte ich mich immer wieder, wenn ich allein durch die friedliche Stille lief. Woher kam die mehr und mehr zunehmende Kälte zwischen uns? Warum häuften sich deine plötzlich wechselnden Gemütszustände, die ich nie lernte zu verstehen? – Irgendwann hielt ich es nicht mehr aus. Ich lief einfach davon. Zu einem klärenden Gespräch fehlte uns beiden die Kraft. Dabei hatte ich so viele Fragen: Hast du von Anfang an mit mir gespielt? Wolltest du mehr und ich habe es nicht verstanden? Oder wurde es dir mit mir zu dicht? Hast du Angst vor zu viel Nähe? – Ich hatte Angst damals. Ich gebe es zu. Angst vor zu großer Liebe, weil du doch eine Frau warst. Und trotzdem war es ein gutes Jahr, dieses Jahr mit dir. Gefühlsaufwühlend, anstrengend, schön. Und lehrreich. Ja, auch das. – Gern würde ich noch einmal deine zärtlichen Berührungen spüren. Manchmal schließe ich die Augen und stelle sie mir vor. Es tut nicht mehr weh.

Die Schönheit der Landschaft hat den Sieg davongetragen. Ist es nicht seltsam, dass das, was von dir blieb, die Liebe zu diesem einsamen, kahlen und doch so wunderschönen Landstrich ist?

Inhaltsverzeichnis

Weitere Bücher von Anke Voigt

Warmer Regen
Geschichten und Gedichte

In stimmiger, bildhafter Sprache erzählt die Autorin eindrücklich von Menschen um uns, wie sie unterschiedlicher nicht sein können.

Poetische Miniaturen in Lyrik und Prosa.

Edition Märkische LebensArt – ISBN 978-3-943614-03-9 – 9.99 €

Der Alte muss weg
Fall I der Reihe: Authentische Gerichtsfälle aus Brandenburger Strafprozessen

„Das Buch ist ein Appell an uns alle, nicht wegzusehen, wenn Kinder beleidigt, geschlagen oder missbraucht werden, wenn Anzeichen häuslicher Gewalt erkennbar werden…"
(Barbara Riechstein, Justizministerin a.D.)

Edition Märkische LebensArt – ISBN 978-3-943614-19-0 – 12,50 €

Maria und Gabi
Roman

Der schwere Autounfall ihrer Freundin Gabi ruft in Maria Erinnerungen an ihre Kindheit hervor. Erinnerungen voller Tränen und Schmerzen. Plötzlich beginnt Marias Leben aus den Fugen zu geraten…

Iris Kater Verlag – ISBN 3-937221-91-3 – 12,95 €

Die leisen Töne sind es, die das Herz berühren

„Großmutter sang
Urgroßmutter erzählte
Geschichten
an meinem Bett
webte sich beides
zum fliegenden Teppich
der mich sicher durch die Nacht trug."

122 Gedichte, modern, in klassischer Form, gereimt und ungereimt, Kalendersprüche und Limericks

Books on Demand, Norderstedt – ISBN 978-3-7526-8853 - 9,00 €

Das Hexenhaus
25 neue Kurzgeschichten

„Als ich ein paar Tage später am Haus von Elly Kuhn vorbeikam, zupfte sie Unkraut in dem kleinen Asternbeet gleich hinterm Zaun. Ich gebe zu, dass ich den Weg, in der Hoffnung sie zu treffen, bewusst gewählt hatte. Die Berichte meiner Tochter hatten mich neugierig gemacht."

25 Geschichten über Hexen, Hundemenschen, Baumhasser, rote Socken und Musikliebhaber – geschaffen aus Erlebten, Beobachtetem und Fantasie

Books on Demand, Norderstedt – ISBN 978-3-7557-5882-2 – 9,00 €

Alle Bücher online erhältlich oder unter:
ank.voigt@outlook.de